北京市一流专业建设系列成果
首都金融发展研究文库

金融（保险）教学改革论文集

2019

主　编◎陈奉先　郝思源

首都经济贸易大学出版社
Capital University of Economics and Business Press
·北 京·

图书在版编目(CIP)数据

金融(保险)教学改革论文集. 2019 / 陈奉先, 郝思源主编. -- 北京 : 首都经济贸易大学出版社, 2019.12

ISBN 978-7-5638-3066-4

Ⅰ. ①金… Ⅱ. ①陈… ②郝… Ⅲ. ①金融学—教学改革—文集 ②保险学—教学改革—文集 Ⅳ. ①F830-53 ②F840-53

中国版本图书馆 CIP 数据核字(2020)第 017134 号

金融(保险)教学改革论文集 2019
陈奉先 郝思源 主编
JinRong(BaoXian) JiaoXue GaiGe LunWenJi

责任编辑 王 猛
封面设计 小 尘
出版发行 首都经济贸易大学出版社
地 址 北京市朝阳区红庙(邮编 100026)
电 话 (010)65976483 65065761 65071505(传真)
网 址 http://www.sjmcb.com
E-mail publish@cueb.edu.cn
经 销 全国新华书店
照 排 北京砚祥志远激光照排技术有限公司
印 刷 北京九州迅驰传媒文化有限公司
开 本 710 毫米×1000 毫米 1/16
字 数 185 千字
印 张 10.5
版 次 2019 年 12 月第 1 版 2019 年 12 月第 1 次印刷
书 号 ISBN 978-7-5638-3066-4
定 价 39.00 元

序 言

波澜壮阔的改革开放改变了中国,也影响了世界。在四十年改革开放的伟大历程中,金融作为实体经济的血脉,实现了从大一统的计划金融体制到现代金融体系的“凤凰涅槃”,初步建成了与国际先进标准接轨、与我国经济社会实际契合的中国特色社会主义金融发展路径。

经过四十年努力,我们不断改革完善金融服务实体经济的理论体系和实践路径。持续优化完善传统信贷市场,为服务实体企业改革发展持续注入金融活水;建立健全股票、债券等金融工具为代表的资本市场,畅通实体企业直接融资渠道,增强其可持续发展能力;推动低效产能有序退出市场、临时困难但前景良好的企业平稳渡过难关、优质企业科学稳健发展,鼎力支撑我国企业从无到有、从小到大、从弱到强,逐步从低端加工制造向高附加值迈进。

经过四十年努力,我们基本构建了以人民为中心的居民家庭金融服务模式。不仅借鉴西方现代金融实践,支持家庭部门熨平收入波动,实现跨期消费效用最大化;而且充分利用我国银行业分支机构延伸到乡镇、互联网全面覆盖到村落等良好基础设施,逐步实现基础金融服务不出村,促使我国普惠金融走在了世界前列;同时,积极构建与精准扶贫相配套的金融服务体系,发挥金融在扶贫攻坚中优化资源配置的杠杆作用,为人民对美好生活的向往提供金融动力。

经过四十年努力,我们探索了从国民经济循环流转大局增强金融和财政合力的有效方式。在改革开放过程中,我们不断优化财政支持与金融服务的配套机制,运用金融工具缓解财政资金使用碎片化问题和解决财政资金跨期配置问题,增进财政政策促进经济结构调整和金融政策促进经济总量优化的协调性,持续提升国民经济宏观调控能力和水平,既避免金融抑制阻碍发展,又防止过度金融风险集聚。

2008 年,美国次贷危机引发的全球金融海啸引发了人们对金融理论和金融实践的深刻反思。金融理论是否滞后于金融实践,缺乏对金融实践有效的指引?金融实践是否已过度复杂化,致使金融风险难以识别、度量和分散?近年来，随着互联网、大数据、人工智能、区块链等技术的出现，科技发展在极大提高金融业服务之效的同时，也对传统金融业带来了冲击。金融业态正在发生重大变化，金融风险出现新的特征。在新的背景下，如何处理金融改革、发展、创新与风险监管的关系，如何守住不发生系统性金融风险的底线，已经成为世界性重大课题。在以习近平同志为核心的党中央坚强领导下，我国进入中国特色社会主义新时代。在这个伟大的时代，对上述方面进行理论创新和实践探索的任务非常艰巨，使命非常光荣。为完成这一伟大历史使命，需要建设好一流金融学科和金融专业，大规模培养高素质金融人才，形成能力素质和知识结构与时代要求相匹配的金融人才队伍。北京正在建设“政治中心、文化中心、国际交往中心、科技创新中心”，加强金融学科建设和金融人才培养正当其时。

欣闻首都经济贸易大学金融学成功入选北京市一流专业和国家一流专业“双万计划”，正在组织出版“一流专业建设系列成果”，这为打造高素质金融人才培养基地迈出了重要步伐，将对我国金融学科和金融专业的建设起到积极的推动作用，为促进我国金融高质量发展并建成现代金融体系作出应有贡献，为实现伟大复兴中国梦提供有益助力。

尚福林

前　言

2019年，首都经济贸易大学金融学院继续沿着夯实基础、内涵发展的思路进行专业建设，并以建设金融学北京市一流专业为契机，全面推进各专业建设落地生根、发芽开花。在过往的一年里，在全院师生的共同努力下，金融学院专业建设成果斐然。

——课程建设方面，4月和11月先后完成货币金融等6门和国际金融学、公司金融2门核心课慕课招标。货币金融学等5门课程已在中国大学慕课网上线开课；金融学、商业银行经营管理正在参评北京市一流课程评选，有望晋级国家精品在线开放课程。另外，本学年我院5名教师申报全校通选课，获批4门。

——教材建设方面，2019年金融学院教师完成教材4部，分别是王德河的《金融衍生工具》，余颖丰的《基本无害的量化金融学》，庹国柱和李文中的《保险专业知识与实务(初级)》《保险专业知识与实务(中级)》。

——实验室建设方面，金融科技实验室落地。11月份学院获批实验室一间，60台高性能计算机已经配置到位。实验室已经装修完毕，2020年春季即可投入到教学科研之中。自此，金融学院拥有了一间真正的专用实验室。

——教学研究方面，在2019年全校教改立项申报中，我院共申报14项，获批12项，其中重大1项、重点3项、一般5项、青年3项，获批数量和层次均创历史新高。另外，2019年度，学院组织26名教师参加成都、兰州、上海、北京的慕课、翻转课堂建设经验交流会。

——合作办学和实践基地方面，2019年新增与英国赫瑞瓦特大学数学与统计学院“2+2”联合培养项目，正在与英国布鲁奈尔大学洽商金融学“3+1”“2+2”“3+1+1”联合培养项目。同时，2019年新增本科生校外实习基地——中信证券北京分公司，自此金融学院实现银证保基各类金融机构实习基地的全覆盖。

——学生获奖方面，2019年本科生荣获校长奖学金2名、国家奖学金2名、三菱日联银行奖学金1名、学习优秀奖学金185人、社会工作奖学金28名、科研创新奖学金22项。在重要学科赛事中获奖，例如，在全国大学生数学比赛中获奖27人，其中全国一、二、三等奖占学校获奖人数的30%以上；在美国数学建模比赛中获奖10人。

——学生科研方面，学生2016级毕业论文中有4篇论文被评为“校级优秀毕业论文”，且全部获推参评“北京市优秀毕业论文”。2019年度，金融学院本科生共发表期刊论文9篇，其中2015级本科生高冉在经济建模（*Economic Modelling*）正式发表与导师合作的论文，开启我院本科生在国外知名刊物发表论文的先河。

在岁末年关之际，我院金融学专业入选国家“双万计划”，成为国家一流本科专业建设试点专业，这既是金融学北京市一流专业建设的阶段性成果，也是对金融学院广大师生长年奋斗的最好回报。2年后金融学北京市一流专业将迎来最终验收；3年后金融学“双万计划”也将面临最终考核。在这样的历史关口，我们承担着无比艰巨的建设责任，需要全院师生将更多的精力聚焦到专业建设和人才培养上来。此时，我们将学院部分教师课程建设、专业建设、人才培养方面的成果辑录成集，希望借此交流思想、分享经验，进一步提高金融学院专业建设水平，更好践行“为党育人、为国育才”的历史使命。

目 录

“保险企业经营管理实务及案例”课程教学方法的思考

张欲晓

摘　要：“保险企业经营管理实务及案例”课程是保险专业学位硕士研究生（简称“保险专硕”）的一门专业选修课，具有综合性、交叉性、实践性强的特点，其覆盖面广，涉及保险学、管理学、行为学等多学科知识。笔者在教学实践活动中，对课程教学方法进行了不断探索与改进，以教学相长，实现教学水平和教学效果的双提升。

关键词：保险企业经营管理，课程教学，团队合作，交流互鉴

一、“保险企业经营管理实务及案例”课程特点与要求

“保险企业经营管理”是一门理论与实务相结合的课程，是保险专业学生的专业选修课之一。学生通过该门课程的学习，可以进一步认识保险企业经营管理的性质，掌握保险企业经营管理的基本理论。作为经营风险的特殊行业，保险业是一个国家金融体系的重要组成部分，但是与银行业、证券业又有着显著的差异。保险企业在经营管理过程中既要遵守保险活动本身的规律和要求，又要遵守管理活动的一般性规律。因此，“保险企业经营管理”课程具有综合性、交叉性、实践性强的特点，其覆盖面广，涉及保险学、管理学、行为学等多学科知识。目前，该课程有全日制本科和保险专硕两个教学层次，分别命名为“保险企业经营管理学”和“保险企业经营管理实务及案例”。根据保险专硕的培养计划，后者在第二学期开设，每周 2 学时、2 学分。

保险行业的特点决定了课程教学必须将理论、案例和实践有机地结合起来，《中国保险业发展“十三五”规划纲要》的贯彻与落实，使得我国保险行业的

作者简介：张欲晓，首都经济贸易大学保险系副教授，多年从事“保险企业经营管理”本科生、研究生课程的教学。

发展已经全面进入由大变强、创新发展的新阶段,新技术、新业态、新模式不断涌现。如何培养、输送高层次的专门人才,不仅是行业对保险人才培养提出的更高要求,也是各院校广大师生面临的严峻挑战。

保险专硕是对学术型研究生而言的一种研究生培养模式,其培养目标是具有扎实的经济学、保险学和风险管理与保险业务基础,能够从事风险管理、保险实务和保险监管等工作的高层次、应用型的保险专门人才①。换句话说,保险专硕的培养目标是适应行业和职业需要的、高层次应用型专门人才。不同于本科教学层次的“保险企业经营管理学”,“保险企业经营管理实务及案例”课程的教学,要求授课教师在授课中采用案例教学,引导和帮助学生在掌握基本原理的基础上,培养和提高实践能力,能够分析和解决保险企业经营管理中出现的问题,为其未来从事保险经营管理工作奠定基础理论与实务基础。

二、“保险企业经营管理实务及案例”课程教学环节的设计

案例教学属于启发式教育法,企业管理课程使用案例教学法源于 20 世纪初的哈佛大学管理学院②,发展至今,早已被各国教育界普遍接受和认可。概括而言,案例教学法就是根据教学目的,以案例为基础,将学生带入特定的保险职场,启发和引导学生整合所学的专业知识去发现和分析问题,从而找到解决问题的方法,最终提高学生理论联系实际、综合处置问题的能力。案例教学的组织方式是多样性的,不能单纯依靠授课教师,还要积极引导学生参与到案例教学中。

案例教学的核心是以培养、提升学生综合能力为主,激发其内在的学习动力,所以笔者在教学活动中非常注重以下三个环节的工作。

(一)课前教学准备

目标是活动的预期目的,为活动指明了方向。明确教学目标,既能为组织教学活动提供行动方向,也能激发学生的内在学习动力。只有明确行动目标,才能调动学生的潜在能力,使其尽力而为,提高学习效率。笔者通常会提

① 《保险专业学位研究生指导性培养方案(2018 年修订版)》全国保险专业学位研究生教育指导委员会编写。

② 《案例教学法介绍》大连培训中心案例组,中国工业科技管理大连培训中心,1980 年 12 月。

前3~4周将某一章节的教学目标、案例制作要求告诉学生,推荐参考资料,完善相关背景知识,并指导学生搜集相关素材,整理案例,准备课堂研讨。

（二）课堂展示与研讨

课堂教学阶段,首先由学生站上讲台,不限时长,尽情展示其制作的案例。之后,其他同学可以进行补充,也可提出疑问,由该同学作答,或者所有同学均参与解答。其间可以进行必要的引导,一方面使案例讨论围绕教学目标,另一方面鼓励学生积极参与,使其既认真倾听他人的观点见解,也敢于表达自己对问题的理解和分析。最后,其他同学根据案例是否具有针对性或典型性,内容是否丰富完备,课件制作是否精良,演讲者是否思路清晰、语言流畅、表达清楚等几个方面综合给出分数。在案例研讨结束时,对该次课堂教学活动予以总结,还要对学生发言中存在的疑问进行解答,从而提高课程的教学效果。

（三）课后教学总结

在每次案例教学结束后,都要进行整理,结合学生的表现,分析学生的思路、语言、文字表达是否符合教学目标的要求,还存在哪些不足需要改进;同时,也要向学生学习。事实上,案例教学对于授课教师提出了更高的要求,不仅要求教师具有扎实的理论基础、较强的案例分析能力、教学实践经验以及现场应变能力,还要求教师熟悉保险企业经营管理实践活动;同时,教师的理论知识、教学观念、教学方法也需要及时更新。这样才能有效控制案例教学活动,从而真正实现教师教学水平和教学质量的双提升。

三、"保险企业经营管理实务及案例"课程教学实践

金融学院2011年获得保险专硕学位授予权,2012年开始招生,招生规模由最初的11人发展到20人左右。本课程属于专业选修课,每次教学班人数少则6~7人,多则18~19人,学生多来源于非保险专业。教学中现成的、适合的案例不多,在教学实践中需要对课程教学方法不断摸索与改进。目前,笔者采取了两种案例教学模式。

（一）模式一:团队合作式

在和保险企业进行交流的过程中我们发现,在学生就业面试中,大多数企业都会设计一些环节来考察学生的团队意识和团结协作精神,团队意识有时甚

至比专业知识更受重视。团队意识其实是大局意识、协作精神和服务精神的集中体现。现代社会的发展,使职业分工越来越细,一个人的作用是有非常限的,个人能力再强,脱离了团队有许多任务也是无法完成的。由于课程教学中现成的、适合的案例并不多,需要引导学生自己做案例、讲案例。在这个过程中,笔者就会有意识地采取团队合作式模式,在教学活动中培养和锻炼学生的团队意识。

第一步,教师布置完任务和要求之后,按照自愿结合的原则,3~4人为一组,小组成员推选出本组组长。第二步,小组成员可以根据各自的特点和意愿,自由分工:熟悉网络的同学可以负责上网搜寻案例资料,擅长计算机操作技术的同学可以负责制作展示PPT,文字功底深厚的同学负责案例整理写作,最后交给小组长总纂。第三步,由小组委派代表站在讲台上,边演示边为大家讲解。台下其他各小组负责给该组打分,小组的最终成绩也就是每个组员的个人作业成绩。这样每个小组的任务完成情况一目了然,对于最终的作业成绩绝大部分同学也认为是比较公平合理的。要获得好的个人成绩,必须本小组的所有成员共同努力,让小组的成绩提高。事实上,团队意识的核心在于协同合作,强调成员的合力,成员必须与团队的行动一致,注重全局观念,要考虑整个团队的需要,并不遗余力地为整个团队的目标而共同努力,这样才能发挥团队的整体优势。

经过一段时间的观察,这些做法取得了一定的效果,最明显的就是学生整理出的案例质量逐渐提高,学生不仅积极参与,而且还想方设法打造本组的特色。

(二)模式二:交流互鉴式

交流互鉴式的核心就是引导学生相互学习、相互借鉴、共同提高。采用这种模式最初是因为教学班的人数少,5~6个人不需要分组,可以直接参与教学活动,但是很快就发现学生普遍缺乏保险企业经营管理的相关背景知识。但案例教学的前提条件是学生要具备一定的基础理论知识。保险系从2012年开始招生,截至2018年底,包括在校生,学生人数合计113人,但是60%~70%的学生属于非保险专业学生。保险专硕的学制虽然是2年,但在校学习时间只有

1年,第2年用于实习和撰写毕业论文。对于跨专业学生来说,明显存在因学制时间短而无法全面掌握专业理论知识的问题。因此,笔者开始有意识地采取交流互鉴式教学模式来弥补这一不足。

一般情况下,第一学期期末除个别同学外,绝大部分的学生都会到各级各类的保险企业实习3~4周的时间。第二学期"保险企业经营管理实务及案例"开课时,会结合课程内容布置学习任务,学生需要完成一份实习报告和一份自命题的期末结课论文。不同于一般的实习总结,实习报告不仅要详细介绍实习单位的历史沿革、组织架构、业务范围,还要找出重大影响事件或者特殊事例等内容,按照一定的要求编成案例,结合课程进度,由学生一一展示。

首先,案例是由学生结合亲身实践编纂的,容易让其他学生感同身受,材料真实、可靠,更容易被学生接受,达到案例教学的效果。

其次,完成实习报告的过程中需要补充大量相关的背景材料,有助于帮助学生更有针对性地拾遗补阙,在一定程度上弥补专业理论知识的不足。

最后,实践引导学生拓展了视野,打开了思路。根据原中国保监会显示的数据,目前我国保险市场上有8家保险集团控股公司、44家财产险保险公司、64家人身险保险公司、6家再保险公司①。由于性质、规模、业务范围的不同,保险企业各自的业务流程、内部管理、发展战略以及企业文化都存在诸多差异,而学生实习时也只能接触到其中几家。各位同学分别完成一份实习报告,通过交流互鉴,不仅了解到了更多不同保险企业的情况,扩展了视野,同时也打开了思路、激发了探究的动力。这也是交流互鉴式教学模式的核心作用,从学生提交的期末结课论文来看,基本上达到了预期目标。

从2012级保险专硕第一次开课至今,笔者已经完成了"保险企业经营管理实务及案例"课程的五轮授课任务,两次教学计划和教学大纲的修订任务,在课程的教学实践中不断摸索、改进。

人才乃兴业之本,直接决定了行业的兴衰成败。《中国保险业发展"十三五"规划纲要》的出台,标志着我国保险业已经全面进入由大变强、创新发展的

---

① 原中国保险监督管理委员会网站 http://bxjg.circ.gov.cn/web/site0/。

新的历史阶段,需要大批高水平、高质量的复合型经营管理人才。在这样的时代背景下,在众多教师的积极参与和团结协作下,相信保险专硕的人才培养必将会有质的飞跃。

参考文献:

[1]蔡青青. 地方高校转型发展背景下保险类课程案例教学方法研究[J]. 教育现代化,2018(2).

[2]邓旭霞. 案例教学法在金融学教学中的应用研究[J].高教学刊,2019(6).

[3]汲传波. 案例知识与教师学习[J].国际汉语教育(中英文),2019,4(1).

[4]李小艳,康颐. 关于保险学课堂案例教学改革的几点思考[J].时代金融,2014(6).

[5]刘尧. 2018年中国高等教育热点回眸[J].上海教育评估研究,2019(2).

[6]吴双. 保险课程教学中案例教学模式的实践[J].才智,2018(1).

[7]王劲屹. 关于金融学专业案例教学法的探索与实践[J].教书育人·高教论坛,2019(2).

[8]谢洁茹,刘燕. "案例教学法"在成人法学教育中的运用[J].法制博览,2019(3).

[9]熊志坚,郑东博,曾李晨. 导师培养研究生工作质量影响因素的实证研究[J].高教学刊,2019(4).

“国际金融学”课程教学再探索

刘妍芳

摘　要:“国际金融学”课程教学需要根据国际金融领域的发展变化和时代对国际金融人才的需求进行调整和创新,在教学过程中要注意如下几点:因材施教,适当调整教学内容;坚持双语教学;加强案例教学;重视启发和研究性学习;注重试验和实践教学。

关键词:课程教学,双语,案例,实验,实践

随着经济的全球化,“国际金融学”的重要性不断凸显。经济与金融全球化的快速发展,使国际金融市场融为一体,这一方面有利于世界经济的发展,另一方面也加剧了国际金融市场的动荡,国际资本流动的速度不断加快和规模快速增长、全球汇率波动和全球性金融危机频繁发生等已成为国际金融领域的重要课题。这些问题的研究和探讨对国际金融学科的发展具有重要的促进作用。此外,国际金融市场的一体化要求高校培养高素质的专业化人才,“国际金融学”的课程教学和教学方法必须与时俱进,根据国际金融领域的新变化和时代对国际金融人才的需求进行调整和创新。

一、因材施教,适当调整课程内容

“国际金融学”以开放视角研究一国金融市场中的变化对其他国家金融市场运行的影响。在经济日益全球化的今天,“国际金融学”作为一门经济学科,其重要性日渐凸显,在国际国内,它都是一门重要的课程,也是一门非常受欢迎的课程。当然,在不同国家、不同专业领域开设的“国际金融学”课程,侧重的内容会有所不同,比如有的会侧重开放经济条件下内外均衡的实现,有的会侧重理论和政策,有的会侧重市场和财务管理。

“国际金融学”课程我们选用的是克鲁格曼等编写的《国际经济学:理论和政策》这本书的后半部分,也就是国际金融部分。笔者认为这本书的重要特点在于其自成体系,理论部分围绕汇率由浅入深,政策部分涵盖了国际金融领域的重要专题,唯一的欠缺是对国际金融市场的介绍稍显简单。在教学过程中,笔者会根据不同专业的学生特点对课程内容进行适当微调。一般来说,基本理论要讲细讲透,政策部分让学生多参与讨论。对国际金融专业的学生,理论部分可以讲得更深入一些;对外专业的学生,要尽量调动他们对国际金融的学习热情和积极性,鼓励他们关注国际金融领域的热点和重点问题,并在课堂上进行分享。此外,原版教材中各章节所用案例大都选用国外金融市场的数据或案例。为满足国内教学需要,在教学过程中会补充我国经济金融领域的相关数据及案例,这既可以激发学生的学习兴趣,也有利于学生进行比较分析和借鉴。

二、坚持双语教学

随着我国对外开放的不断深入,为更好地与国际接轨,双语教学已成为高等院校比较流行的一种教学方法和教学手段。“国际金融学”的开放性以及我们选用的国外原版教材,决定了该课程进行双语教学的必要性和可行性。采用双语教学,不仅有利于学生学习掌握国外最前沿的专业理论知识,也有利于提升其专业英语水平。对于“国际金融学”课程的双语教学,选择合适的教材至关重要,几经筛选后,我们确定选用克鲁格曼等人编著的这本国际上很权威的原版教材。教材是课堂知识传授的基本载体,教材选择适当与否无疑将直接影响到双语教学效果的好坏。我们选用的这本教材理论体系完整、案例新颖、逻辑结构严密、教材格式规范、课后习题灵活多样、辅助材料充分。选用原版教材使学生可以直接和国际金融专家对话,并分享前沿研究成果。但考虑到学生英语水平参差不齐,我们允许学生根据自己的英语阅读程度购买对应的中文翻译教材或原版教材。

三、加强案例教学

案例教学可以使理论内容实际化,引导学生运用理论,说明和理解现实的经济问题。国际金融领域有很多热点问题,如中美贸易收支的不平衡问题、美联储货币政策和美元汇率波动的关系、国际货币基金组织和国际货币体系改革、欧元区的发展、国际资本流动和历次金融危机等,这些都为教学提供了丰富的案例材料,对这些问题的探讨也可以进一步阐释国际金融的理论和政策。各种案例与现实生活紧密联系,能够激发学生对国际金融的学习兴趣,通过案例教学可以引导学生用学过的理论去分析、解决问题,使理论学习不再枯燥。

四、重视启发和研究性学习

"国际金融学"的教学目标是通过学习国际金融的基本理论分析现实的国际金融问题,对国际金融领域的重点和热点问题形成自己的看法和见解。为此,在课堂教学中笔者非常重视学生研究性学习能力的培养,通过启发式教学,引导学生去思考和研究问题。在教学过程中笔者结合教学内容,精选经典案例和国际金融热点问题,增加课堂讨论,鼓励学生提出不同见解和看法,提升学生的学习积极性,训练学生提出问题、分析问题、解决问题的能力;同时,鼓励学生自主地选择感兴趣的主题或知识点,形成学习小组,通过团队合作,搜集国际金融的重大案例共同探讨分析。

五、注重实验和实践教学

我们选用的教材主要侧重国际金融的理论和政策,对国际金融市场如外汇交易等方面内容介绍不多。在教学过程中,一般会增加相关外汇交易的内容,并鼓励学生到实验室进行模拟操作,了解远期外汇、外汇期货和期权等外汇业务,关注金融市场实时行情和资讯评论,通过模拟交易熟悉外汇交易的程序和规则。

此外,校企合作是培养应用型人才和提高学生实践能力的重要途径。学校和学院可以采取措施让教师走出去,到相关企业挂职锻炼,克服缺乏实际经验的弊端;同时,把金融行业和决策部门有实际经验的专家和专业人士引入校园做兼职教授,通过讲座、授课的方式将实践经验传授给学生。另外,还可以扩充实习实训基地,有计划地安排学生到企业进行实习,到实际工作中锻炼提升实践能力。

随着经济实力的不断增强,我国正从一个经济大国迈向经济强国,在这一过程中,我们面临的最大竞争是人才的竞争,我们急需培养一大批具有国际化知识、德才兼备的人才。随着国际金融市场的不断发展变化,“国际金融学”课程的内容和教学方法应该适时调整和不断创新,以充分提高教学质量和水平。

参考文献:

[1]赵华伟.“国际金融学”课程建设之探讨[J].金融教学与研究,2013(1).

[2]杨长江,姜波克.国际金融学[M].4版.北京:高等教育出版社,2014.

[3]陈雨露.国际金融[M].3版.北京:中国人民大学出版社,2008.

[4]PAUL R KRUGMAN,MAURICE OBSTFELD.国际经济学:理论与政策[M].9版.北京:清华大学出版社,2016.

[5]柏宝春,赵建程.国际金融课双语教学效果的影响因素分析[J].金融教学与研究,2015(2).

“投资学”实践教学改革及其与创新创业教育的融合
——基于金融学一流专业建设的思考

王佳妮

摘　要:一流专业建设的目的在于提高人才培养能力,其对于专业定位、教学团队、教学模式、教学资源、协同育人、国际交流等多个方面都有着更高的要求。在教学模式上,要求强化实践教学与创新创业教育。基于此背景,笔者结合日常教学经验,探索如何进行“投资学”实践教学改革,以及如何将投资学专业教育与创新创业教育进行深度融合。

关键词:投资学,实践教学改革,创新创业教育,一流专业

为贯彻国务院关于《统筹推进世界一流大学和一流学科建设总体方案的通知》及教育部、财政部、国家发展改革委关于《〈统筹推进世界一流大学和一流学科建设实施办法(暂行)〉的通知》精神,更好地带动北京市属高校人才培养质量整体提升,北京市教委在 2017 年开展了北京市属本科高校建设一流本科专业建设的遴选活动,首都经济贸易大学金融学专业入选北京市首批一流专业建设项目。

一流专业建设的目的在于提高人才培养能力,其对于专业定位、教学团队、教学模式、教学资源、协同育人、国际交流等多个方面都有着更高的要求。在教学模式上,要求强化实践教学与创新创业教育,打造实验实践及成果转化孵化平台;构建以学生为中心的实践教学体系,深度融合高校实验实践条件,充分利用优质创业资源,促进高校与科研院所、行业企业的交流合作,促进培养与需求对接、科研与教学互动。基于此背景,笔者结合日常教学经验,探索如何进行“投资学”实践教学改革,以及如何将投资学专业教育与创新创业教育进行深度融合。

作者简介:王佳妮,首都经济贸易大学金融学院讲师,研究方向:天使投资与风险投资。

一、投资学教育的背景

从宏观层面来看,投资是经济增长的三驾马车之一;从微观层面来看,投资对于企业经营与居民生活也至关重要。当前在美国、欧洲等发达国家和地区,众多的投资专业人士活跃在银行、保险、证券、基金等领域,以专业化的投资知识,指导家庭、企业以及政府从事投资活动,以实现个人、家庭及组织机构的财务目标。金融服务业是国民经济的重要产业,也是社会主义市场经济中富有活力和效率的一环。习近平总书记在党的十九大明确指出:要深化金融体制改革,增强金融服务实体经济能力,提高直接融资比重,促进多层次资本市场健康发展。这为新时代我国加快建设现代金融体系指明了方向、规划了道路,同时也为中国特色的金融投资理论构建明确了目标。

事实上,“投资学”是国外高校金融学科开设的核心课程,20 世纪 90 年代引入到中国高校,极大地丰富了金融学科的内涵和外延,有力地促进了我国金融人才的培养和发展。目前,全国有几百所高校开设了金融学专业,有 100 多所高校尤其是财经类高校专门开设了投资学专业。虽然不同高校的投资学培养体系不同,但投资学在我国高校都算是复合型专业,在经济学大类里是金融学的分支学科。中国高校的投资学不仅关注证券投资(包括股票、基金、金融衍生品等),还关注实体投资、直接投资,如房地产投资、风险投资等。

此外,随着国家经济社会发展的需要,对人才素质培养的要求也发生了根本性变化。党的十八大对创新创业人才培养做出重要部署,国务院对加强创新创业教育提出明确要求。党的十九大强调“要培养造就一大批具有国际水平的战略科技人才、科技领军人才、青年科技人才和高水平创新团队……促进高校毕业生多渠道就业创业……”2018 年 9 月,国务院办公厅发布了《关于推动创新创业高质量发展、打造“双创”升级版的意见》(以下简称《意见》)。《意见》指出“要强化大学生创新创业教育培训……在全国高校推广创业导师制,把创新创业教育和实践课程纳入高校必修课体系……”所以,将高校创业教育与专业教育融合不仅仅是高校教育改革的主要方向,也是人才培养模式转型和升级的必然选择。

二、投资学实践教学及其与创新创业教育融合的经验和教训

专业教育与创业教育之间的关系并不是彼此孤立的,二者关系密切。从投资学教学来看,理论教学有助于学生了解创业过程中所需要的投融资基础知识,实践教学有助于培养学生的创新创业思维,提高学生在创业过程中的投融资实践能力,两种模式相辅相成,只有有机结合起来,才能实现人才培养目标。

回顾首都经济贸易大学金融学院以往的做法,不乏一些好的经验。比如,升级优化专业课程体系,在原有投资学内容框架的基础上增添产业投资、创业投资相关内容,新开设“私募股权投资”“另类投资”“创业金融”等选修课,为有能力、有潜力的学生提供创业专业知识积累;又如,为加大实务课程和专业技能训练的比例,独创“首都金融论坛”系列讲座,邀请金融行业的专家分享实务工作经验,为学生带来金融业界的最新资讯,为学生的创新创业提供帮助;再如,积极组织学生参加大学生创新创业训练项目,配备具有专业经验和实务经验的老师进行专业指导,通过项目演练,从发现问题到专业人士指导,再到积累经验,不断提高创新创业能力;同时,依托学校创办的孵化器平台,金融学专业学生积极参与大学生创业,已有“校园咖啡”“合拍 Selfie 自拍馆”等成功案例。

但我们在实际教学工作中也发现了一些问题:

一是专业课体系设置不合理。不同学校的投资学开设历史与学科发展的渊源不同,出现了“以传统财政投资学科体系为基础”与“以现代金融学科体系为基础”两种发展路径,最终导致参考教材、内容体系、教学大纲等不尽相同。但不管在哪个学科体系范畴内,不同的老师担任不同课程的教学,很容易重复讲解一些相同的知识点,对于投资学中的难点和重点反而没有全面涵盖,导致学生知识体系缺乏完整性和连续性。比如,投资学与证券投资学、公司金融、投资银行学等课程都有交叉内容,如果大部分课程安排在同一学期,很容易出现内容冲突和混淆。因此,教学管理单位和高校教师需要注意专业课设置问题,理清不同课程的教学逻辑,为更好地将创新创业教育融入专业课程打下基础。

二是实践教学体系不完善。尽管有一部分课程设置了实践教学环节,但是并没有有效落实且形成实践教学体系。学生的日常学习以传统的听课、写作业以及考试为主,参加各类学科竞赛和活动的目标大多很“功利”,实习环节也是

被动地完成上级所布置的任务,这些都不利于学生创新创业思维和能力的培养。

三是双师型师资匮乏。大部分高校教师,尤其是年轻教师,主要为应届毕业的博士生或者科研博士后。这一群体往往缺乏在行业中的历练,有创业经历的人才就更少了。尽管他们的理论知识扎实、科研水平较高,但是无法完全胜任实践性强的课程教学,也不能在学生实践环节给出有效的指导。

三、推进投资学实践教学及其与创新创业教育融合的对策建议

从理论上保证对每位学生在创业金融知识上的普及,从实践上重点为有创业意向和创新意识的学生提供实训、模拟甚至是实际创业的支撑。

(一)完善实践教学,协同推进实践育人体系

围绕创新创业人才培养的规律,结合信息技术和多媒体手段建设翻转课堂、智能课堂,着力开发专业实践、社会实践、创业实践课程建设等各个环节,形成多方参与、协同推进的实践育人体系。比如,依托金融科技研究中心,打造金融科技实验室,实现最新信息技术与教学的融合,金融科技实验室建成后可供统计学院、信息学院等学校其他院系使用,实现资源共享、协同创新;实验室教学课程融入金融专业课,实时更新 Matlab、SAS、Eviews、Stata 等专业软件与 Python、R 等工具软件,建立高性能计算机运算平台,教师与学生共同开发金融创新项目;建设实习实践基地群,构建数量均衡的银行、证券、保险、基金、金融科技等金融机构实习基地群。

(二)创新创业教育与投资学教育深度融合

在理论教学中,强调理论创新,补充与实务工作发展趋势相统一的新知识点;引进哈佛大学、斯坦福大学等国际知名高校创业金融课程,拓宽理论视野。在实践教学中,鼓励并指导学生参加中国“互联网+”大学生创新创业大赛、“创青春”杯大赛、“大学生创新创业训练项目”等全国赛事;充分发挥“首都金融论坛”“创业通识选课平台”“孵化器平台”等学院、学校双创平台的作用,进一步打造智能金融时代背景下的跨界创新能力培养、创业实践能力培养两类双创能力培养体系。

（三）加大创新创业教育师资培训

一方面，加大专业教师在创新创业理论学习和能力提升的培训，鼓励教师参加创业师资培训活动，以及参观走访创业企业、创业投资基金、孵化器等机构，与业界人士开展紧密的合作与交流。另一方面，通过校友、研究生企业导师、内部推荐等渠道引入专家资源，搭建“专业教师+创业实践导师”的导师组群，共同探讨专业教育与创新创业教育融合的教学理念和方法，提高教学课题活力和教学效果的保障力。

四、结语

“投资学”一直是投资学专业课程体系建设中的重点课程，是金融学一流专业核心课程之一。在未来的教学中，专业教师需要树立新的教学理念，不断调整课程内容和教学模式，不仅关注学生投资领域理论知识的学习，还要重视学生创新能力、创业思维的培养，倡导学生多元化、灵活化、特色化发展，引领学生用全球化与本土化相结合的视角理解投资学科，用创新创业的思维进行理论学习和实践。

参考文献：

[1]陈亚鹏．高校创业教育与专业教育的深度融合[J].江西电力职业技术学院学报，2018(2)：91-93.

[2]李敏芳．创新创业背景下“投资学”课程教学模式改革研究[J].湖北经济学院学报（人文社会科学版），2017(6)：143-144.

[3]陈玲，黄惠晶．“双一流”建设背景下投资学的学科建设与人才培养研究[J].内蒙古财经大学学报，2018(2)：108-114.

[4]游艺，李德平．创新创业教育融入专业教育的实践教学改革探讨[J].社会科学家，2018(2)：119-124.

加强产学研基地建设,深化实践教学改革

王　苹　张　颖

摘　要:从高校人才培养模式现实存在的问题出发,分析产学研基地建设的必要性。结合具体实例,总结首都经济贸易大学产学研基地建设取得的积极成效,分析首都经济贸易大学产学研基地建设的特色及存在的不足,并为加强基地建设提出建设性建议。

关键词:产学研基地,实践教学改革

产学研基地建设是创新人才教育培养模式的现实有效途径。中共中央印发的《关于深化人才发展体制机制改革的意见》中指出,创新人才教育培养模式必须要"注重人才创新意识和创新能力培养,探索建立以创新创业为导向的人才培养机制,完善产学研用结合的协同育人模式"。产学研基地是沟通企业、高校和科研机构的桥梁,也是培养学生实践能力和创新能力的重要平台。政府、企业、高校和科研机构"四驾马车"联合驱动人才培养模式的创新,通过优势互补,全方位为培养高层次应用型和创新型人才提供优良的学习和实践平台。

一、高校校外产学研基地建设现状分析

目前,国内高校产学研基地建设仍处于高峰阶段,清华大学、北京大学等国内知名高校在多地均建有校外产学研基地。地方政府在科技创新的大政策导向下,大力引进高校,以产学研基地形式在地方落户。产学研基地主要分为专业型与综合型两类。专业型研究院以某专业领域方向为重点开展工作;综合型研究院则结合地方产业方向,功能相对多样化。整体来说,国内高校校外产学研基地建设取得了一定成效,例如,深圳清华大学研究院的"四不像"理论,充分体现了以"把科研成果写在企业的报表上"作为绩效评价关键要素的特点;中科院深圳先进技术研究院探索实践出科研、产业、资本、教育"四位一体"的运行模式。

“首都经济贸易大学-渤海银行北京市分行产学研联合培养研究生基地”是首都经济贸易大学金融学院与渤海银行北京市分行合作的项目,项目旨在创造一个商业银行与研究生之间相互交流沟通的机会。一方面,研究生在渤海银行北京市分行可以充分了解和学习各种业务,理解商业银行的经营模式和管理流程;另一方面,研究生可运用自己所掌握的经济金融理论知识,对银行现有的业务模式和流程中可能存在的问题进行研究,并协助银行解决相应的问题。该基地由金融学院王苹老师负责,参加项目学生的导师也参与培训指导工作。在项目进行前,导师针对这个项目,对参与的研究生们进行了具体、系统的讲解,说明本项目的目的以及相应的要求。项目进行过程中,一方面,导师会定期与银行和学生进行交流,以了解和掌握学生实习状况,同时解决学生培养过程中出现的问题;另一方面,如果学生在培养期间有任何问题,也可以随时联系导师寻求帮助。

渤海银行研究生产学研项目自 2013 年开始实施以来,每年都有 5 名左右金融专业的研究生前往基地开展产学研活动,实习岗位涉及前台后台,至少 5 名学生通过实习而留在了渤海银行。前几届参加活动的学生公开发表过至少 10 篇学术论文,取得了不错的效果。

二、产学研基地建设的特色

(一)为学生提供了良好的学习平台

渤海银行北京市分行是大型的一级分行,业务规模庞大,机构网点众多,产品不断创新,是一家发展迅速且大胆创新的银行机构。我院通过与渤海银行北京市分行建立产学研联合培养基地,为我校学生提供充足的商业银行后台业务的实习岗位,打破了学生自行寻找实习岗位仅局限于客户经理或大堂经理岗位的限制。学生经过实习,学习了很多在学校里接触不到的知识,了解了银行后台部门的分布情况,了解了基层银行的业务运营流程。在分配到各自的岗位之后,通过实践工作,学生了解了本部门业务状况,锻炼了理论联系实际的能力,提高了专业素养,为将来进入银行工作打下了坚实的基础。

(二)提升了学生的专业素养

在项目进行前,导师会针对项目,对参加的研究生进行具体、系统的讲解,说明项目的目的以及相应要求，同时鼓励学生在联合培养过程中态度认真，多看、多学习、多做事，与办公室的同事和谐相处，给培养单位留下好印象的同时学到更多书本上没有的知识。渤海银行北京市分行从分行行长到部门负责人都对本项目非常重视，多次与项目导师沟通协商，了解项目的要求和学生的状况，安排好来行实习的学生工作，为每位实习学生都分配了具体的业务工作，由各部门的主管担负研究生在本部门的培养任务，并配备了经验丰富的银行员工为学生进行业务指导，在培养过程中学生有任何问题都可以向部门主管汇报。培养学习效果很好，学生们认真、准时，基本没有无故缺席或迟到早退的，培养单位非常满意，给学生们的评价很高。通过联合培养基地的实习，学生们普遍感觉自己的专业素养得到了很大的提升。

（三）建立基地的日常管理机制

"首都经济贸易大学-渤海银行北京市分行产学研联培养研究生基地"项目是通过签订协议的形式达成合作意向的，高校提供人才支持，企业提供实习岗位，双方互利共赢。

为了提高基地培养效果，在分配好实习任务之后，每一批实习的学生都要选出一名负责人，由负责人定期向老师汇报一段时间学生们的实习情况以及遇到的困难，老师也会定期去基地走访以便发现问题。总的原则是，学生们能够自行解决的尽量自己解决，确实不能解决的，老师会与银行沟通协助解决。

三、高校校外产学研基地建设中存在的问题

（一）互动机制缺乏保障

目前，金融学院与渤海银行北京市分行实习基地之间的互动机制保障不够。一方面，没有专门的基地管理机构和人员来负责实习基地的联系、维持、交流和拓展，这些工作的开展大都基于教师个人关系，是一种"私"对"私"的关系，而不是"公"对"公"的关系，无法形成实习基地管理的制度。另一方面，实习基地与学院也欠缺交流。由于学院和实习基地缺乏必要的联系，学院每年到学生实习之前才和实习单位联络，因此很难形成良性互动的关系。

（二）互动缺乏广度与深度

学院与产学研联合培养基地之间的互动缺乏广度与深度。以学生实习来

说，由于金融业务（特别是银行业务）对安全性、精准性方面要求很高，所以银行业务人员不会让实习生进行实际操作，更不会放手让实习生独立去做一项业务。实习生更多的是进行理财营销、在营业大厅引导客户填写表格或单据，或者是协助客户操作机器设备等一些简单的辅助性的工作。这些实习内容无法满足学生对知识广度和深度方面的需求。而学校教师与实习基地员工之间的合作也往往不够深入，很难进行科研、教师实践能力培训、员工理论培训等方面的深度合作。

（三）妥善安排实习时间和实习人数

2019 年的研究生产学研培养吸取了以往的经验，由于 2018 参与项目的同学普遍反映六个月的实习时间太长，没有更充足的时间去其他单位实习，于是 2019 年改成了三个月。但培养单位觉得三个月的实习时间偏短，往往刚刚教会业务知识，学生的实习期就已经结束了，培养单位又需要另外花时间教新的同学，这样虽然有利于学生的学习，但降低了实习单位的工作效率。因此，学院与实习单位要协商好实习时间，鼓励希望毕业进入银行的同学和有充足实习时间的同学参与项目。另外，参与本项目的学生人数不宜太多，人数太多一方面会影响管理效率，另一方面也会影响分摊到每位同学的实习经费。如果经费不足会让家庭困难的同学对本项目望而却步。

四、高校校外产学研基地建设对策建议

（一）建立互动的保障机制

建立保障机制是加强金融学专业和渤海银行北京市分行实习基地之间互动的基础，建议可从以下几个方面进行努力。首先，成立实习基地管理机构。学院应认识到建设产学研基地的重要性，成立由教学副院长、教学管理部门负责人、专业负责人、学工系统人员组成的产学研基地管理机构，为实习基地的建设提供组织保障，管理机构专门负责实习基地的建设和维护。其次，与产学研基地建立长效的沟通机制。平时可由专人负责通过电话、邮件、传真等方式加强双方的联系和沟通，重要节日捎上学校的祝福和问候；定期召开实习基地联谊会，为学院与基地之间、基地与基地之间提供和搭建双向交流平台；通过座谈会的形式，听取实习基地单位负责人对实习基地建设的意见；不定期赴实习基

地检查学生实习情况,并与基地的负责人和技术人员进行交流,双方就实习过程中遇到的困难和问题进行认真的讨论和总结;定期对实习基地进行评价考核,并将考核结果及时反馈。

(二)创新互动形式

1. 开展项目合作 。开展项目合作有助于双方互动内容向纵深发展,项目合作可以采用两种形式。一是横向项目合作。借助渤海银行北京市分行这一平台,结合其工作人员丰富的实践经验和学院教师扎实的学科知识以及对科技信息的敏感性,开展技术、项目等深层合作。例如通过教改立项、科研立项等形式来共同进行金融机构金融新产品的开发、业务范围的拓展、风险控制等问题的研究,形成的成果可供实习基地免费使用,以调动实习基地所有人员的积极性。二是纵向项目合作。目前政府对产学研合作项目的申报是鼓励和支持的,学院和实习基地可以通过取长补短、优势互补,共同申报省级及国家级科研项目。

2. 学生培养实行双导师制。在学生培养过程中,为充分利用实习基地的人才资源,可以实行学生培养的双导师制。一是毕业论文设计的双导师制。允许部分学生在实习基地进行论文设计,实行双导师制,即学校安排学生的第一导师,实习基地安排具有研究生学历的优秀职工担任第二导师,将论文设计的选题与基地需要解决的问题紧密结合。第一导师定期到实习基地检查学生的论文进展情况,询问存在的问题给以指导,并与第二导师进行交流,双方就实习和论文设计过程中遇到的困难和问题进行讨论。采用这种方式,既加大了学院与基地的合作力度,又为基地解决了难题,同时锻炼了学生动手解决实际问题的能力,可谓“一举三得”。二是专业班级双班导师制。金融学专业班级在学校教师为班导师基础上,为每个班级聘请一位实习基地具有丰富经验和人格魅力的员工作为该班的副班导师。学校任命的班导师主要负责班级的日常管理,而实习基地的导师主要以自己的从业经验和丰富的人生感悟来引导学生树立正确的人生观、择业观和工作观。

3. 相互进行人才培训。要摒弃以往认为人才培训仅仅是对学生进行的培训的片面观念,要认识到培训还可以针对学院和渤海银行双方的员工进行。一方面，学院可以为银行员工提供继续教育和培训的机会，在图书资料与文献查阅等方面为基地员工提供便利，使学校成为实习单位的职工继续教育培训基地；学院也可以为实习基地定向培养硕士研究生。另一方面，学院应当充分利用实习基地资源，培养和提升金融学专业教师的实践教学能力和动手能力。例如，可以建立对口交流机制，由专业教师与专业实习基地单位业务骨干结成“对子”，实现院内专业教师与实习基地业务精英相互交流的常态化；安排专业教师定期或不定期到实习基地进行实务调研、参与办理金融业务等，通过交流中的培训、实战中的培训，提高教师的实践教学能力。

（三）增强互动的灵活性

从形式和内容方面入手，改变以往僵化的互动方式，增强互动的灵活性。对于学生实习，改变由学院统一安排实习内容和规定固定时间的模式，由学生根据自己的实际需要确定实习的时间和实习的内容。学生确定实习内容和时间后向学院提出申请，学院开出介绍信，学生就可以到渤海银行北京市分行实习基地实习。这可以提高学生实习的针对性和兴趣。渤海银行北京市分行可以根据实际的工作需要随时发布各种临时的实习信息，给学生提供实习机会。对于互动方式，可以建立实习交流群，实习基地的员工和学院教师、学生申请加入，学生可以发布自己在学习过程中碰到的问题，基地员工可以提供建议；实习基地员工也可以提出工作中碰到的问题，引导学生进行深入思考，拓展学生的视野。由此形成一个良性互动的局面。

五、结论与展望

产学研联合研究生培养基地的建设是对学校传统的封闭办学模式的改革和对研究生培养模式的新探索，我们要进一步发挥校企各自优势，共同培养高素质、高质量的专业技术人才；共同开展科技合作，着重解决企业在产品研发、生产过程中的关键问题；加强研究生的培养，实现研究生教育在规模、质量、结构、效益等方面的协调、可持续发展，从而确保产学研联合研究生培养基地工作顺利、规范、有序开展。

参考文献:

[1]朱永龙,张振刚,张茂龙. 全日制专业学位研究生培养的现状调查及分析[J].学位与研究生教育,2011(11):36-40.

[2]冯锋,戚湧,梁祎,等. 高校产学研基地建设发展研究[J].中国科技信息,2013(6).

[3]周山明,李建清,郑建勇. 产学研基地建设的探索与研究[J].中国高校科技与产业化,2010(9).

[4]张永安,张盟. 我国产学研结合的创新模式[J].中国高校科技与产业化,2008(7).

新型投资专业人才培养模式研究[①]

李　新

摘　要：经济全球化和科技智能化的快速发展，推动了金融行业的革命，新型投资专业人才市场需求巨大，目前国内投资专业人才培养模式与国外相比还有不少差距，需要创立新型投资专业人才培养模式。本文意在探索新型投资专业人才培养的模式，主要包括：新型投资专业人才培养体系（“123456 培育规划”）、新型投资专业人才培养目标（“三型”人才目标）、科学有效的保障措施以及新型投资专业人才教学模式（“体悟式”教学）。

关键词：金融革命，新型投资专业，人才培养

一、充分认识新型投资专业人才培养的迫切性与重要性

随着经济全球化和科技智能化时代的到来，金融正在经历着巨大变革，呈现出日趋市场化、复杂化、多样化、科技化和智能化的局面。无论从宏观层面还是从微观层面，传统的金融人才已无法满足正在不断变化的经济与金融环境，国际金融业竞争已转向金融人才的全面竞争。

从我们对一些商业银行、证券公司、基金管理公司和实业企业的调查来看，金融机构和企业对新型投资专业人才存在着极大的需求。像国泰君安、海通证券、中信等券商机构均成立了证券投资（量化投资）等部门，急需新型投资业人才；中国工商银行、中国农业银行、中国银行、中国建设银行、北京银行、北京农商银行等商业银行，急需懂得投资理财的经营管理人才；许多实业企业也急需大量懂得投融资运营的专业人才。

而目前国内投资专业人才的培养刚刚起步。据统计，2010 年全国高校仅有 20 多所开设投资学专业，2016 年就达到 80 多所。不过，当下投资学人才培养

---

① 本文系首都经济贸易大学 2019 年校级教改项目（2019 年促进高校内涵发展项目）的成果。

还存在一些问题:①针对中国国情的对策性、政策性研究不够。②定量化模型和工程化方案应用不够。③对跨学科的科技金融(Fintech)重视不够。④院校教育与金融市场实际存在一定距离。⑤院校教育与国际水平存在一定差距。⑥人才培养与实际需求存在一定落差。

因此,投资专业人才,尤其是新型投资专业人才的质量及数量远远无法满足市场的需求。如何培养新型投资专业人才,应该成为新时代国内高校,特别是财经高校的当然责任和首要目标。当前,全球金融版图正经历着变迁,中国有必要成为金融大国。在这个伟大的变革过程中,新型投资专业人才的培养,将是中国金融业提升其核心竞争力的重心所在。

二、新型投资专业人才培养体系:“123456 培育规划”

投资学专业是一门融经济学、金融学、管理学、统计学、保险与风险管理等多门学科于一身, 交叉性和应用性很强的专业。20 世纪 80 年代以来,在全球金融创新的推动下,产生了大量新型证券,计算机技术获得快速发展,投资理论研究不断取得突破,投资学专业在国外日益成为显学。在国外商业教育领域,没有任何一种其他理论和技术可以像投资理论这样被迅速转化为实践成果。

2012 年,教育部对高校本科专业设置进行了改革,正式设立了“投资学”专业(金融学), 这无疑是适应金融学教育和金融实践发展的重要举措,对投资专业的教育发展具有推动作用。从国内外金融教育实践看,“投资学”已经成为金融学院教学的核心课程,因此,我们应该高度重视投资学在金融人才培养中的基础性作用。

结合国内外投资学教育的理论与实践,我们认为:新型投资专业人才培养必须是一个完整的、立体化的体系,可以概括为“123456 培育规划”,即一个目标、两大内容、三个理念、四项原则、五大支柱、六大技能。这要求我们在教学实际中做到:①以适应中国金融崛起、全球金融发展为根本目标,培养高层次金融人才,尤其是高层次投资专业人才同。②将投资学的内容拓展为“金融投资(私募股权投资、证券投资、控制权投资、信托投资、租赁投资、贵金属投资、稀缺品投资、衍生工具投资)和实业投资(项目投资、企事业单位投资、政府投资、区域投资)” 两大内容。③坚持“国际视野与本土操作相结合、理论与实践相结合、历史现实与未来相结合”三个基本理念。④贯彻“厚基础、宽口径、精专业、强技能”四项原则。⑤建立以课程为依托的高水平教学团队(专业团队、实习实训团队、双语国际团队)、以因材施教为导向的模块化课程体系(通识课、基础课、专业课、扩展课)、以校内实验室实训及校外实习基地为组合的立体化职业培养机制、以现代技术为支持的网络信息资源(网络课程、专业资料库、学习园地)、以学术社团为主体的社会服务系统等五大支柱。⑥培养在“数理分析、应用实践、市场营销、职业道德、人际沟通、心理素质”等方面具有较强技能的复合型应用人才。

三、新型投资专业人才培养目标:“三型”人才培养

我们认为投资专业人才培养目标应该着眼于数理分析、市场营销、实践应用相结合的复合型应用人才(即“三型”人才),突出实践应用能力的培养。鉴于我校是北京市属重点财经院校,我们应该力争建成北京乃至全国具有影响力的“复合型、应用型、创新型”投资理财专业人才培养基地:①根据我校省级重点财经院校和地方高校的特点,我们的培养目标与名牌大学的培养目标应有层级差异,而不是水平质量差距。②鉴于金融的快速发展和科技化趋势,投资及其风险管理的技术型人才需求量大,必须重视数理模型、科技金融[①]和实际操作等多方面能力的培养。③顺应京津冀协调发展国家战略及首都发展规划纲要的要求,积极服务于京津冀特别是北京金融业的发展,服务首都经济发展。④加大同海外院校合作力度,高度重视“一带一路”国家的合作,培养新型投资专业人才,并在国际化办学的过程中不断调整人才培养模式,创立国际品牌,使之适应京津冀及首都经济发展对国际化投资人才的需求。

四、科学有效的保障措施

(一)以课程建设为依托,建设高水平的教学团队

投资学专业的教学,必须有一支既有深厚投资学理论功底,又能熟练运用实验教学手段的师资队伍。首先,重视投资学师资队伍建设,以教学工作为主

① 科技金融是跨学科的发展领域,其主要模块(大数据、云计算、人工智能及区块链等)对金融行业产生了革命性影响。

线,以先进的教育思想理念为指导,立足于人才培养质量的提高。其次,以国家级、省部级或学校各类重大的教学改革项目为载体,以专业建设、课程建设、实验室建设为重点,开展实验教学研究,培养实验教学建设的核心队伍。再次,重视科研力量对教学工作的支撑,形成科研与教学的良性互动,实现实验教学与科研工作的有机结合、集成共享,最终促进高水平骨干教师队伍、学术梯队和教学团队的形成。最后,通过实施"引用和培养并举""跨学科跨专业"等策略,优化师资结构,组成优势突出、协作良好的教学团队,建议组建量化投资教学团队、投资银行教学团队、风险管理教学团队、实验实训实习教学团队、科技金融教学团队和双语国际教学团队。

(二)模块化设置课程体系,突出创新能力的培养

按照"宽口径、厚基础"的人才培养原则,可以将投资学专业课程设置为五个模块:通识课模块、学科基础课、专业课、素质拓展课、综合运用课。同时,开设实验性金融课程(投资学综合实验课)、创新能力课程(理财产品开发设计案例分析、资本市场运作案例分析、校内仿真综合实习)、市场营销型课程(投资银行理论与实务、金融营销等)。实验教学应以学科基础课、专业课和综合运用课三个层次来组织实验教学。这样,可以实现"实验—实训—实践"相互贯通、相互结合,突出创新能力的培养。

(三)以金融实验室为平台,构建立体化"三实"体系

按照市场需求和社会未来对人才的知识、技能、品质的要求标准和结构,制定培养目标和实施方案,构建以提高实践能力和创新能力为宗旨的实验课程体系。该实验课程体系由"两大部分、三个层次、四大模块"组成,具体包括校内实验和校外实习两大部分,基础型实验、综合型实验和金融企业实践活动型三个层次,课程基础实验、专业技能实验、拓展与创新能力实验和企业见习、专业实习与实训四大模块,即实现"实验—实训—实习"相互结合、相互补充的体系(即"三实"体系)。

根据经济社会发展对投资学专业人才培养的要求,投资实验课程体系建设,既要注重实验与理论教学紧密结合,也要注重实验教学内容的综合性、互动性、启发性、完整性,从而形成适应学科特点及其自身系统性的实验教学体系。

通过系统化的实验教学体系，全面培养学生严谨的学风，整合知识的能力，以及综合分析、发现和解决问题的能力。

针对投资实验教学体系，我们建议：①实验课程体系中基础实验课占30%，实现学生对基础理论和专业基础理论以及金融行业的了解和认知；②实验课程体系中（专业及跨专业）综合设计实验课占45%，使学生熟练掌握金融学科有关行业部门业务流程的实际操作；③实验课程体系中模拟实验课和研究创新实验课占25%，通过教师对实验课程的设计，利用课程实验软件、模拟沙盘，组织学生研讨，完成操作阶段实验报告和综合实验报告，使学生进行自主学习、互动式学习、参与式学习，培养学生的独立思考能力、团队合作能力、创新创业能力。

（四）科学运用现代教育技术，强化教学信息化建设

投资学专业教学信息化建设，充分利用了各类优质教学资源，可以为教师和学生提供强大的施教和学习的网上虚拟环境，达到素质教育与创新教育的有机结合。投资学专业教学信息化建设包括三个方面：①增强教师的信息化素质与能力，对教师进行信息化理论、方法、技术与课程整合模式四个层面的培训。以我院为例，初步建立了以教师为主导的网络辅助课程6门、精品课程2门、专业资源库1个、专题学习网站1个。②利用学习平台，以学生为中心建设学生学习社区、学生创新网站、学生专题学习网站。③依托网络课程建设，实现课堂与网络的有效整合，通过互联网和校园网络平台完成投资学专业课程的教学课件、教学大纲、作业处理、辅导答疑、师生交流、学生学习活动跟踪分析、平时成绩记录等主要教学活动，有效延展教师和学生的互动空间，实现课堂与网络教学的全面整合。

（五）采取多样化的教学方法和手段，培养新型投资专业人才

改革教学方法是深化教学改革的重要内容。教学方法改革要培养学生广泛的学习兴趣和强烈的求知欲望，激发学生学习的内在动力，充分调动学生学习的主动性、积极性和创造性，改进课程的讲授方法，贯彻少而精的原则，将知识传授和方法论指导相结合，积极实践启发式、讨论式、研究式等生动活泼的教学方法。以我院为例，我们突出投资学专业办学特色，在教学中采用了开放式、探究式、案例式、模拟式以及体悟式等教学模式。

高等教育的任务是培养具有创新精神和实践能力的高级专门人才。新型投资学专业人才的培养目标,本质上就是不断提升学生的创新能力、投资理财的实际操作能力,以及培养健康的社会心理等综合素养。

五、新型投资专业人才教学模式:体悟式教学

我们意在探索一种培养拔尖创新人才的"体悟式教学模式",着重提高学生的创新能力、实践能力和学术水平,以全面提升投资学教学水平。该模式主要包括以下内容:①选取适合学生的高质量教材,可以使用国际化的英文原版教材,同时鼓励自编具有本土化特色的品牌教材;②设计教学模式,提高授课环节的质量,强调教师必须以教材为本,上课专注教学,同时学生积极预习,全程参与,互动体悟;③科学利用实验环节,提高教师学生的实验创造力,有效、充分地使用金融实验室;④提高学生理论联系实践的能力,培养其发现、分析、解决问题的能力,建立实习基地,制定实习章程和制度并严格执行。

"体悟式教学模式"的特色在于,从教材、课堂、实验、实训、实践五个环节形成一套综合立体式的教学方法。以我校金融学院为例,我们实现了五个环节的创新:①真正做到创新教材,即高水平国际教材与本土化教材相结合,以激发学生积极思考。②真正做到创新课堂,即生动案例与理论分析相结合,教材教授与多媒体生动演示相结合,真正将理论创新和实践创新等关键元素融入课堂,真正做到师生互相体会、感悟理论与实践中的真理。③真正做到创新实训,积极引导学生按时完成必要的课后作业以巩固基本理论,阅读参考书、做读书笔记以开阔视野,适当进行课外讨论以分享宝贵的体悟,从而完成"思考—思想—思潮—思理"的体悟全过程。④真正做到创新实验,充分重视金融学的科学实验环节,要求学生利用我院金融实验室、研究中心、学生社团(股市沙龙)的有利条件,开展理论模型的基本训练,提升理论建模的实训水平,提高金融实务的操作能力,探索运用金融实验室进行考核,以及利用研究中心、学生社团进行初步学术创造的模式。例如,可以鼓励学生撰写科研论文、调研报告,并选择优秀论文发表。⑤真正做到创新实习,以实习基地为主,以学校基地为辅,发挥北京地缘优势,实行实习导师制度(校内校外双导师),实现实习全过程管理(即实习目标、实习流程、实习效果等全面管理),进行专业就业导向实习,即按照年级高

低,布置专业难度递增的实习任务(从初级到中级再到高级),颁发分等级证书。

参考文献:

[1]林继肯. 中国金融学教育与金融学科发展[M].北京:中国金融出版社,2007.

[2]马彧松. 本科投资理财专业设置的架构[J].山西财经大学学报,2012(4):217.

[3]吴云勇,陈凌白. 金融学专业投资理财方向建设方案[J].浙江金融,2008(1):64.

[4]刘磊. 基于社会需求的金融专业教学改革探析[J].哈尔滨金融学院学报,2011(4).

[5]陈兵,孙桂芳. 个人理财专业设置与课程体系的构建[J].金融教学与研究,2005(6):45-47.

财经类高校金融专业结构改革与路径[①]

李　雪

摘　要：金融科技席卷全球，对金融人才培养提出了更高要求。本文深入分析财经类高校金融学科专业结构改革的自然规律与国内外重要实践，着重研究金融学科专业设置、课程设置与市场职业供求的关系。结合实际提出专业设置、课程设置未来的发展方向，认为专业结构的调整应以市场为导向，改变陈旧的"职业—专业—课程"建设思路，基于课程设置调整专业结构，从"各自为战"到"形成合力"，整合资源，以课程设置的创新、改革为专业优化调整的优先因素。最后，提出符合财经类院校金融学专业调整的基本思路，为教育主管部门和财经类高校有关决策提供一定参考依据。

关键词：专业设置，课程建设，市场导向

人才培养是高校的根本任务和首要职责，如何显著提升人才培养质量，既是社会关注度较高的热点问题之一，也是高校实施"质量优先、内涵发展"发展战略的应有之义。

一所高校，从理论上说，培养什么专业的人才，培养多少，只有预测准确才能成为专业设置的依据。实践屡屡证明，就业市场与高校专业培养之间，存在不对口现象，尤其财经类高校的毕业生，基本都以实习的方式提前走出校园，接受工作岗位的"洗礼"。这种现象并不局限于财经类院校，市场需求与教育供给完美结合的理想状态在现实中难以实现。

困境的原因是复杂的。即使通过调研了解到社会职业需求，也会由于各种

---

① 本文受到北京市教育科学"十三五"规划 2017 年度青年项"京津冀地区高等教育资源配置效率与供给失衡的内在关联与整合机制研究"（ACGA17023），北京市社科青年项目"京津冀地区经济异质性背景下金融空间分布与产业布局研究"（17YJC031）与 2019 年首都经济贸易大学校级教改项目"'一流'专业建设促进金融人才创新培养：从'高水平特色立校'到'强一流学科育人'"的资助。

作者简介：李雪，首都经济贸易大学金融学院讲师，研究方向：宏观金融。

壁垒无法及时进行专业设置调整,专业课程自然也无法调整,致使人才培养滞后于市场需求变化。这与当下全国进行的“双一流专业”建设背道而驰。本文以财经类高校金融学科专业与课程设置调整为研究对象,从金融学科专业设置、课程设置与市场职业供求的关系入手,着重分析专业、课程改革探索中的实际困境,厘清理论、对比经验,为财经类高校进行专业设置调整与改革提供一点思路。

一、认知专业设置与市场需求之间的关系

在学科专业设置过程中,必须充分考虑各学科专业的市场需求情况,了解一级学科专业与就业市场的相关性与对接性,利用就业市场提供的有效需求信息为财经类高校专业设置决策提供依据,借助市场机制对专业结构与就业环境进行匹配和协调,提高专业的合理化程度和竞争力,达到高校与社会双赢的局面。

学科专业设置与就业市场之间是相互影响、辩证统一的关系。教育在于人才培养,培养人才目的在于为社会服务,不管是专业设置、课程设置都要体现时代特色、适应市场形势。这不是说要抛弃基础知识、传统知识,而是对教育模式提出了更高的要求。如今,金融科技席卷全球,人工智能(AI)在金融领域广泛应用,让很多专家预测未来智能银行、智能保险等金融机构将成为现实,压缩金融领域人力工作空间的问题越发凸显,对财经类高校金融学人才培养的冲击可见一斑。因此,专业设置务必要根据市场的具体需求进行动态规划,针对市场需求合理调整专业结构,缓解就业市场与专业设置、课程设置之间的矛盾关系。这应是目前高校学科建设、专业设置首要考虑的内容。

二、专业设置经济动机的再认识

对专业设置经济动机及其合理性的研究,是解决问题的关键。在此基础上,通过教育部门引导、学校自我调整,促使实现经济动机,同时达到学校专业设置、课程设置改革的目的。所谓经济动机,就是指个人效用最大化、企业利润最大化的追求。高校作为非营利机构,涉及专业设置的经济动机在于以尽可能少的教育投入成本,寻求好学生、培养好学生。在大学的“生产过程中”,“消费者”同样是最重要的投入,高校需要尖子生,尖子生需要好学校。毋庸置疑,专

业设置的效用函数就是专业招生数量、质量及由此带来的隐形收益与设置某个专业所需要的专业办学成本的函数。用公式表示为 $U=f(R,C)$。其中：R 总体表示招生数量和质量以及由此带来的额外收益；C 表示设置这个专业所需要的全部投入成本，即分配给各专业使用的各项资源的价值，包括所说的新增专业与已有专业进行改革的特殊情况。R 越大，侧面也说明该专业在生源市场的竞争力越强，或者反映市场对某一专业人才的需求情况。

目前，高校进入一个新的专业主要是“全新进入”和“内部调整进入”，前者成本较高，而后者可以借助原有的办学基础和师资基础，成本较低。但后者很难形成新特色，容易出现“换汤不换药”或者专业复制、因人而设等问题。这是进入问题。

退出一个专业则意味着投入的很多成本将变成沉没成本，成本越大，退出难度也越大。专业教师也面临失业或转型的问题，他们也可能会反对学校退出本专业。高校在改革专业设置时，退出某一专业的难度更大且速度较慢，甚至会最后失败。而这将导致劳动力市场上人才的无效供给与学生的结构性失业。因而，促进财经类高校专业设置经济动机的合理实现，减少负面影响，是高校专业设置中亟待解决的现实问题。

三、金融学专业设置的现状：“多”还是“少”的问题

以金融学专业来看，是应该走细分道路还是整合道路，需要我们进行多方面的考量。首先看国内财经类高校金融学科专业设置的情况，如上海财经大学、对外经济贸易大学、中央财经大学等国内财经类大学。本文将其汇总在表 1 中可见，国内财经类高校金融学院的专业设置中，最多的设置 5 个专业方向，分别是上海财经大学、中央财经大学与首都经济贸易大学，设置 4 个专业方向的高校居多，设置 3 个专业方向的高校有 2 所。

表 1 国内财经类高校金融学科专业设置

财经类高校名称	金融专业设置情况
上海财经大学	金融学院设有银行系、保险系、国际金融系、证券期货系以及公司金融系共 5 个系，即 5 个专业方向

续表

财经类高校名称	金融专业设置情况
对外经济贸易大学	金融学院设有金融系、金融工程系、投资系共3个系，即3个专业方向。
中央财经大学	金融学院设有金融学系、应用金融系、国际金融系、金融工程系、金融科技系共5个系，即5个专业方向。除此之外，还建有金融专硕教学研究与案例中心、金融课程现代化教学创新中心等两个教研机构
西南财经大学	金融学院设有金融系、金融工程系、信用管理系共3个系。除此之外，还设有金融双语教学中心、CFA 教学与培训中心两个教研机构
中南财经政法大学	金融学院设有金融学系、金融工程系、保险系、投资系共4个系，即4个专业方向
东北财经大学	金融学院设有金融学系、保险学系、金融工程系、投资系共4个系，即4个专业方向
江西财经大学	金融学院设有货币银行系、国际金融系、证券投资系、风险管理与保险系共4个系。此外，还设有应用金融研究中心、科技金融研究中心等两个机构
首都经济贸易大学	金融学院设有金融学、国际金融系、投资学系、金融工程系、保险系共5个系，即5个专业方向
浙江工商大学	金融学院设有金融系、保险系、投资系、金融工程系共4个系以及1个金融实验中心

注：表中整理的仅是各院校金融学院的基本情况，其他如西南财经大学金融发展研究院与中国金融研究中心未列入其中。

金融专业设置多好、细好还是少好、广好？有的专家认为，可参考国外顶尖学府的设置，很多学校仅设有一个金融学专业或直接把金融专业与会计专业放在一起设立。为了专业做强、做精或者为了吸引优秀生源，以整合资源的思路发展一个专业，集合学校、学院资源并整合校友资源，共建一个品牌专业，让其在所在地区，甚至全球享有知名度，这样会更加吸引优秀人才到此求学，扩大优秀校友团队，进而形成良性循环。有的专家则认为，专业细分后可以进行更加专业化的人才培养，提高学生就业市场供给效率，在招聘师资方面也有优势。而对于这两个观点，至今没有一个统一的看法。因此，很多学校的做法是保留原来已有的设置格局，或者宁愿新增专业（从招生的角度的考虑），也不愿意舍弃一个专业。最后的结果是：一方面可能给学校学院扩大了招生数量，提高了

效用函数中的 R,但另一方面也可能因师资力量参差不齐而未能培养出适应市场的优秀人才,造成毕业生质量下降,降低了 R。

2015 年 11 月 5 日,国务院发布了《统筹推进世界一流大学和一流学科建设总体方案》(以下简称《方案》),这是当下中国重点大学政策的最新形态。此次新政突破传统上以校为本的方针,破除身份固化,重视学科建设。针对我国高等教育的现实情况,力图以学科建设为龙头,从“以校为王”改革为“以学科为王”,学科建设直面国民经济发展需求,坚持特色发展战略,培养优秀专业人才。我国已经进入由高等教育大国向高等教育强国迈进的历史阶段,“质量”成为高等教育发展的关键。因此,无论何种类型的高校,学科建设才是根本,专业设置也要围绕这一核心发展。各类学校由于资源不同、定位不同而在办学理念上有所不同,但总体目标却没有改变、遵循的原则没有改变。

不同类型的院校可以结合学校定位及办学优势选择不同的发展路径,如果资源有限,可以集中力量办好一个专业,这样可以配备最优的师资,将其作为品牌专业,这样不仅可以争取更多教学资源,也可以吸引更多优秀学生报考。如果资源丰富,不缺办学条件以及师资,则可以细化专业。例如,可将金融学更为系统地细分下去,甚至可以顺应市场需求,专门去办特色专业,如西南财经大学的 CFA 专业方向或者江西财经大学的科技金融方向。但是,前提都是受资源约束,不能条件差、底子差还要多增专业,这样只会适得其反,甚至会牵连整体发展。在具体的资源整合与共享过程中,为实现资源的有效利用,降低专业办学成本,还可以考虑发展高校战略联盟,走校企合作、校际合作,专业集群化发展道路。专业集群化发展,是指以某一学科为主线,由有共同基础技术与能力要求的若干专业结合而成一个集群。通过专业集群的构建,可以实现人、财和物的统筹利用,将各专业分散的资源整合为系统的专业群资源,将分散的师资整合形成师资团队,在提高专业办学实力的同时,实现资源的共享,提高资源利用率,降低专业办学成本。

四、从课程设置调整专业结构,关键在于理清思路

目前,由于主客观原因导致专业设置与建设成为很多高校建设的短板,困扰着高校的改革与发展,甚至某种程度上削弱和降低了高校办学的整体质量与

品牌效应。加强专业建设是高校全面贯彻质量工程、深化教育教学改革的关键。为增强专业竞争力及培育优势特色专业，笔者认为关键在于理清思路，解决好思想认识问题，改变陈旧的“职业—专业—课程”建设思路，从课程设置这一基础之上调整专业结构，从“各自为战”到“形成合力”，整合资源，以课程设置的创新、改革为专业优化调整的优先因素。

在高等教育发展较好的国家，更加重视高校专业的内涵调整和学习方式的优化。进行专业内涵调整，主要是使课程和学习安排适应不断变化的环境，以保证毕业生拥有更多的就业机会和提高职业转换的能力。因此，在高校学科和专业改革调整思路上应更多强调从培养目标和培养方式出发，提倡“通识教育”。专业调整思路特点可总结为：不把专业简单地对应职业，保持专业的相对稳定，重视专业的内涵调整优化，通过更新课程内容、优化课程结构和改变学生的学习方式，使学生具备适应未来职业变化的能力。对此，宋宏和夏焰（2009）指出，我国在这方面的思路可能过于局限，没有对构成专业的要素，即课程调整创新和培养学生适应未来职业转换能力的深层次与长期性问题给予足够的体认。本文比较赞同他们的观点，比如美国学校专业形成和调整的思路就是“职业—课程—专业”，社会出现对新职业的需求后，学校可以先不设置专业，而是开设一门或几门职业需求选修课，当职业发展壮大，对人才提出稳定需求后，高校再开设系列配套课程，在师资、设备等条件达到一定水平后才正式地设置专业。这是以市场为导向的做法，“先改革顺应，后设置专业并加以规范化、标准化”的美国模式。从效率角度可以认为，美国模式更能够适应经济发展中快速多变的职业分化。

资源有限的院校也可以走这条发展路径，从课程设置这一基础之上调整专业内涵，把课程设置的改革与调整作为专业调整优化的优先考虑因素。先开设几门课程，各课去掉交叉重复部分，整合师资主攻这几门核心课程，在此基础之上将目标瞄准市场需求变化，在充实和加强基础课程的条件下，做课程结构优化，以适应未来对人才的需求。除此之外，各院校可根据自身条件推出一些品牌课程，一般是社会需要的、在国内外相近专业中具有优势的课程。鼓励品牌课程多样化建设，如建设当下流行的慕课、微课，一方面有利于突出办学特色，起到示范作用,另一方面也是对所拥有资源的整合利用。

参考文献:

[1]宋宏, 夏焰. 高等学校学科专业结构改革机理与路径选择[J].江淮论坛, 2009, 237(5):142-147.

[2]刘剑虹, 任丽清. 高等学校专业设置的经济动机及合理实现[J].中国高教研究, 2011(2):22-24.

[3]财政学类教指委课题组, 樊丽明, 刘小兵,等. 地方财经类院校财政学类专业课程设置与就业导向问题研究[J].中国大学教学, 2016(1):48-53.

[4]于慧. 高校本科专业设置的依据:内在逻辑的追问[J].现代教育管理, 2014(3):22-27.

大学生批判性思维的培养①

张　萍

一、引言

批判性思维源自美国教育家杜威(John Dewey,1993)的反思性思维,反思性思维根据信仰或假定的知识背后的依据及可能的推论来对它们进行主动、持续和缜密的思考。美国教育理论家恩尼斯(Ennis,1962)把批判性思维定义为个体对做什么和相信什么做出合理决策的能力。利普曼(Lipman,1988)认为,批判性思维是一种娴熟的、负责任的思维方式,有助于形成良好的判断,因为它基于某种标准,能够进行自我调整且对环境具有敏感性。格拉泽(Glaser,1941)将批判性思维定义为:批判地进行思考的能力,包括个体在经验范围内审慎思考问题的态度,有关合理探寻和推理方法的知识以及应用这些方法的技能。韦斯特(West,2008)等人认为,批判性思维是当逻辑与个体已有观念不相符时所进行的一种逻辑性思考。保罗(Paul,2008)等人提出,批判性思维建立在良好的判断基础上,是使用适当的评价标准对事物的真实价值进行判断和思考。法乔恩(Facione,2007)使用德尔菲法(Delphi Method)对批判性思维进行界定,建构了一个批判性思维双维结构模型。他认为,批判性思维是一种有目的的、自我调节的判断,从而形成说明、分析、评价和推理,并对判断的依据进行基于证据、观念、方法论、标准以及情景上的思考。鲁德(Rudd,2000)等人认为,批判性思维是根据不完整的事实和信息,以理性的、有目的的和内省式的方法去解决问题,所形成的问题解决方案也不是一成不变的。霍普恩(Halpern,2002)认

---

① 本文为“2019年促进高校内涵发展定额—校级教改立项(2019年)大学生批判性思维能力培养”基金项目成果。

作者简介:张萍,首都经济贸易大学金融学院,经济学博士,讲师。

为,批判性思维是使用能够增强实现预期结果可能性的一些认知技能或策略。通过分析以上定义,我们认为:批判性思维强调个体的思考与分析,以及个体的推论、决策与评鉴的思维过程。批判性思维既要具有怀疑态度和创新精神,又要有多角度、广视野、深刻透彻的分析能力。批判性思维是一种复杂的思维方式、一种有效的思考能力、一种良好的评判能力、一种有效的问题解决能力,以及一系列认知技能的综合。

国外对批判性思维的研究始于20世纪初,60年代开始不断升温,到了80年代,教育工作者开始讨论批判性思维在教学中的应用并进行了重要探索,90年代,美国把大学生批判性思维能力的培养列为教育改革的核心内容。进入21世纪以后,培养学生批判性思维能力已经获得广泛认可,并成为世界各国教育领域的重要研究课题。随着现代社会对创造、创新价值的强调,作为创造力的核心,亟须将批判性思维能力引入大学教育。

二、发展大学生批判性思维的意义

(一)培养创新精神和创新能力

21世纪,一个国家要保持经济的强劲增长和持续发展主要依赖于劳动者的创新能力。批判性思维不仅仅是去伪存真,也不是简单的批判,而是依据自己已有的知识储备,站在一个全新的视角,对现有的结论、理念等进行批判性分析和探究,在这个过程中形成自己的判断,提出批判性的意见和建议。批判性思维体现的是一个人的思维创造和创新能力,是面对事物或问题时表现出来的思维个性。

(二)适应信息社会发展的需要

21世纪是一个信息时代,面对无数的信息选择,如果个体缺乏批判性思维,不能对信息进行选择和取舍,就会陷入“信息无知”或“信息消化不良”的状态,就会被浩如烟海的信息所淹没;如果不能对来自互联网、大众传媒等的各种知识进行辨别与区分,不能抵制各种消极思想的影响,就可能被信息的汪洋大海所淹没,被各种似是而非所迷惑,被别有用心的谎言所误导。互联网技术的成熟,加快了知识产生和传递的速度,但良莠不齐、陈词滥调的现象仍难避免。互联网能对遇到的问题提供无数的答案,但是如果人们无法做出决断,无数的答案只会是一种沉重的负担。可以说,没有批判性思维的人无法在信息社会立足。

三、国内大学生批判性思维缺乏的原因

(一)应试教育

从整体教育与培养流程上来讲,学生从小学到高中一路走来都在应试,已经形成了一种应试的习惯性思维。长期应试教育已经使学生形成了比较牢固的唯上、唯师和唯书的心理定式,不敢大胆对存在的问题进行质疑,没有深层次的独立思想,没有探索精神和开放性创新意识,思想处于懒惰状态,不善于辩证地思考问题,只习惯于被动地接受,缺乏判断能力和独立分析问题以及解决问题的能力。

(二)思维定式

我国的批判性思维教育从大学阶段才开始,为时已晚。学生从小学到大学的学习过程中受到传统教学法和观念的影响,其思维方式已经潜移默化地被限制、被禁锢。到了大学,学生已经基本形成思维定式,再开展批判性思维的培养就会很困难。

基于以上分析和讨论,大学生批判性思维的培养首先需要从教学方面入手,作为教学设计的主体,高等学校需要在批判性思维的培养方面有更好的课程计划,有明确的培养目标和预期;作为教学实践的主体,教师在教学过程中需要正确把握批判性思维教学要求和方法,改变教学理念,摸索批判性思维的教学规律,提高教学技巧。

四、批判性思维的培养路径

(一)批判性思维能力的发展应该成为高等教育的一个重要目标

将批判性思维能力的培养作为课程与教学的一项基本目标,将发展学生批判性思维能力作为优质教育的一个指标。英美等国都明确地将培养学生的思维能力、批判性思维能力作为国家、政府的一项任务,要求研究者为此而精心研究、设计教学和课程计划,进而促使学生和教师思维力、批判力进行转化。政府为此提供了大量的资金支持并提出人才培养计划。相比之下,我国的课程与教学目标则没有明确纳入批判性思维能力的培养问题,即使在大力提倡创新能力

培养的当下仍是如此。这正是中国学生基础知识技能扎实但创新能力十分低下的一个重要原因。我国应该将培养批判性思维能力作为高等教育的目标之一,要求各个高校培养具有批判性思维能力的人才。

(二)开发一门培养学生批判性思维能力的独立课程

心理学研究证明,批判性思维是一种独特的思维方式,有着特有的规律、形成机理和推动策略,需要进行有针对性的培养。高校应该开发一门培养学生批判性思维的课程。对批判性思维作为专门课程进行单独教学,可在其他各学科学习过程中发展学生的技能,强化学生的观念。设置独立的批判性思维课程,开展批判性思维的训练,就不能再套用传统学科课程的范式,不能太多涉及具体的学科知识,而是体现批判性思维的特征和应用过程。课程的训练重点应包括批判性思维方法、态度的训练,以及批判性思维习惯的养成。

(三)将批判性思维的知识技能融入日常教学实践之中

我们可以在学科教学中融入批判性思维策略、技巧,以及习性和态度的培养。在学科教学中融入批判性思维,运用的是学习者现有的专业知识,应帮助学生将在专业领域内获得的批判性思维技巧和态度扩展到其他学科,甚至日常生活中。开展学生批判性思维能力培养的教育教学,具体内容包括:①编写讲义,指导学生发展批判性思维技能;②有效示范,把这些方法用到学科教学中;③收集并运用与学科有关的批判性思维的实例;④提供实践机会(包括各种考试和检测题),让学生练习批判性思维技能。

批判性思维对于个人的心智独立、学术创新,乃至推进社会的进步都具有重要意义。批判性思维是可以习得的,和音乐、运动一样,是一种可以通过培养和锻炼获得的技能。人们的批判性思维能力不会简单地随着年龄的增长而提高。

参考文献:

[1]希契柯克,张亦凡,周文慧. 批判性思维教育理念[J].高等教育研究,2012,33(11):54-63.

[2]陈振华. 批判性思维培养的模式之争及其启示[J].高等教育研究,

2014,35(9):56-63.

[3] DEWEY J. How we think: a restatement of the relation of reflective thinking to the educative process[J].Journal of Hellenic Studies, 1933, 44(2): 223-253.

[4] ENNIS R H. A concept of critical thinking[J]. Harvard Educational Review, 1962, 32(1):81-111.

[5] LIPMAN M. Critical thinking—what can it be? [J]. Educational Leadership, 1987, 46(1):38-43.

[6] GLASER E M. An experiment in the development of critical thinking[M]. AMS Press, 2005.

[7] WEST R F, TOPLAK M E, STANOVICH K E. Heuristics and biases as measures of critical thinking: associations with cognitive ability and thinking dispositions[J].Journal of Educational Psychology, 2008, 100(4):930-941.

[8] RUDD R, BAKER M, HOOVER T. Undergraduate agriculture student learning styles and critical thinking abilities: is there a relationship? [J].Journal of Agricultural Education, 2000 (41):2-12.

对改进本科生毕业论文质量的思考

廉永辉

本科生毕业论文确实令指导老师非常苦恼。许多论文内容重复高、质量差、格式乱。就论文指导过程来说,学生不听安排和劝诫的情况屡有发生。究竟什么原因导致了当前本科生毕业论文出现这些问题?

一、本科生毕业论文质量问题的根源

在撰写本科生毕业论文时,往往有学校(学院)、指导老师、学生三方参与。其中,学校(学院)委托指导老师指导本科生,并对毕业论文质量把关:指导老师是学生毕业论文的指导者(被指导的学生往往是摊派的);学生是毕业论文的作者,毕业论文通过后才能拿到毕业证。

(一)"刚性兑付"背景下学生不重视毕业论文

对毕业生来说,在本科毕业论文不要创新、只求中规中矩的情况下,基本不存在学生费劲气力写不出毕业论文的情况。可以说,所有大四学生均具备写出合格毕业论文的潜力和能力。此时,影响最终毕业论文质量的是学生对待毕业论文的态度。绝大多数情况下,毕业论文写得不好,都源于主观上不重视。

但是,本科生对毕业论文不重视并导致论文质量差是一个系统性问题,有深层次的制度上的原因。为什么学生对毕业论文不重视?因为写不好也能过,第一遍不过第二遍也可以过,也就是存在对学生毕业的刚性兑付问题。这可以用学生和学校(学院)的博弈来说明(见表1)。

表 1

		学校(学院)	
		严格把关	不严格把关
学生	认真写	(-2,-2)	(-2,0)
	不认真写	(0,-2)	(0,0)

如表1所示:学生认真写,因为耗费时间和精力收益为-2(成本为2,此处不考虑学生因为写论文而获得锻炼所得到的收益),不认真写则收益为0(成本为0);学校(学院)严格把关,因为耗费老师精力、论文被毙学生家长求情、学校(学院)本科生就业率降低等,收益为-2,不严格把关收益为0。在上述收益设定下,假定学生和学院同时行动,最后的均衡必然是(不认真写,不严格把关);如果学生获得先行优势,先决定要不要认真写,学院后动,决定要不要严格把关,最后的均衡也必然是(不认真写,不严格把关)。

由于毕业论文是学生走出学校的最后一关,在这一关卡住学生,对学校(学院)的学生就业率有负面影响,因此学校(学院)面对学生不认真时无实质性惩罚措施;历届学生逐渐掌握了学校或者学院的这层心思,知道写好和写不好结果都是毕业,好好写付出的成本更高;最后(不好好写,让学生过)成为学生-学校(学院)博弈问题中的纳什均衡。

(二)激励不相容导致老师不愿花太多时间指导学生

在刚性兑付环境下,学生对毕业论文不重视导致毕业论文质量差,还有一个补救措施,就是指导老师持续不断地向被指导学生强调毕业论文重要性甚至发出威胁(本质上不可信):如果你写不好,我不签字,无法正常毕业。但是,持续不断向学生施压本身也是对指导老师精力的一种损耗。因此,问题转化为:指导老师愿意投入足够的精力指导学生以提高毕业论文质量吗?

以学校(学院)为委托人、以指导老师为代理人,以学生毕业论文质量衡量产出,这构成了委托代理问题的要件。在这类问题中,委托人通过激励或惩罚措施影响代理人的努力程度进而影响产出。在这个框架下分析为何老师不愿意花太多精力指导学生,主要有以下几点原因:

1. 现实中毕业论文质量的度量准确性较低(方差大),信息含量低,因此最优激励设计中老师工资-毕业论文质量的敏感性应该较低(现实中也是如此,毕业论文质量高低几乎对老师工资无影响)。也就是说,老师的工资与毕业论文质量关系很小,老师没有努力指导的动力。

2. 老师努力指导对学生毕业论文质量(均值)的提升影响有限,也就是努力对产出的边际贡献不高。这是因为,学生毕业论文这一产出,除了需要投入老师的努力,更重要的是考察学生的能力和努力;而学生的能力和努力是老师不能控制的(尤其是在摊派学生的情形下)。这种情况下,老师努力指导学生的激励强度不会太高。

3. 现实中老师的任务不是一维的(仅仅与指导毕业论文有关),还有教学、科研等很多任务,并且工资主要与教学、科研任务相关。这种多任务的激励问题,即便提升老师的工资与毕业论文质量的敏感性,老师也不会花太多时间在指导学生上面,因为把时间花在其他任务上的回报可能更高。

总之,由于毕业论文质量本身难以精确量化和评估、努力指导对毕业论文质量提升的影响不够大、面临多任务等原因,老师花太多精力用于指导学生毕业论文是非理性的。

(三)学生毕业论文写作全流程控制存在缺陷

如果一名大四学生主观上重视毕业论文,就一定能写出好的毕业论文吗?答案显然是否定的。现实中,确有小部分学生对毕业论文的初心是好的,但最后还是产出了低质量(甚至不合格)的论文。这里面可能有指导老师未努力指导的原因,但更重要的是学校(学院)对毕业论文写作全流程的规划有诸多可以改进的地方:①缺乏专门的针对本科生论文写作的培训;②选题过程(以及与之相关的导师分配过程)不合理;③未能提供模板论文库;④未能提供论文自查表。以下分别加以论述:

1. 本科生论文写作培训。就金融学院来说,一名合格的本科生应该初步具备读报表、抠数据、编程序、写报告四方面的能力。如果平时教学中适当强调和有意培养,大四学生写毕业论文时应该不会感到困难。但是,如果平时学生没有刻意锻炼并提高这些能力,突然让他写一篇毕业论文,一定会感到十分困难。这时候,如果能够用 4 节课或者仅 2 节课的时间,对学生撰写毕业论文的流程进行培训,对如何选题、如何搜集文献、从哪里下载数据、如何调整格式等问题进行系统讲解,学生对写论文的畏难情绪定能得以明显缓解。

2. 毕业论文的选题过程。目前的情况是,学生报回的选题方向汇总发给各系主任，然后各系自行匹配学生和导师。这种方法看似尊重了学生的自主性，实际上是该管的没管。除了少数自主性强的学生，绝大多数学生根本不知道如何选题，他们选的题目往往是大而无当型，如果顺着他们的意思，最后写出来的论文只能是满纸空话，或者根本没法写。因此，建议学院建立论文选题库，一个题目对应一篇或者多篇可复制程度高的参考文献的选题。也就是，学生从学院的论文选题库中选出题目，自带可复制的参考文献，最差的情况下，学生把数据更新一下、样本扩大一些、语言自行表达一下，就能写出一篇形式和内容均合格的毕业论文。

3. 优秀论文模板库。尽管目前每年都有优秀毕业生论文，但是这些论文的Word 版在哪里呢？如果学生能够方便下载到这些优秀论文，让榜样发挥力量，知道什么样的论文是好的，就有了在论文结构和论文格式上具体操作的借鉴，可以大大降低学生写论文时的迷茫。

4. 论文自查表。与优秀论文模板库类似，设计好论文自查表可以实现学生自我纠错，既提高学生对自己论文的理解程度，也减轻指导老师的指导压力。附件是笔者今年设计的一份本科生毕业论文自查表，目前看效果还可以。

二、总结和建议

综上所述，有以下几个提高本科毕业论文质量、降低指导老师疲劳程度的建议：

一是尽快打破刚性兑付，该延期的就延期。当然这个需要学校层面对学院的支持。只有明确了学院在本科毕业论文这件事上强硬的态度，学生才不敢轻视毕业论文。

二是学校和学院可以通过开设论文写作短课程、完善选题库、提供优秀论文库、制作自查表等方式优化对本科生毕业论文的全流程控制。

附件是某本科生毕业论文自查表。

附件

某本科生毕业论文自查表

大项	小项	自查结果 (在这一列填写)	备注
A-重复率		17%(用的是 PaperPass)	(1)如已经查重,请填写重复率数字 (2)如没有查重,有信心过查重,请打√
B-格式	1. 字体和字号	√	(1)请参考之前给大家的首经贸本科毕业论文格式和卢娇娇同学的论文 (2)英文和数字一律用 Times New Roman 字体 (3)如果没问题,请打√
	2. 居中和对齐	√	
	3. 行距	√	
	4. 页脚和页眉	√	
	5. 图表格式	√	
	6. 参考文献格式	√	
C-内容	1. 整体结构。是否包括以下部分: (1)题目 (2)摘要 (3)引言 (4)文献综述 (5)理论分析和研究假说 (6)实证分析 (7)结论和政策建议 (8)参考文献 (9)致谢	√	(1)第 6 项实证分析有时可以拆分为研究设计和实证结果分析两部分 (2)第 4 项文献综述和第 5 项理论分析和研究假说有时可以合为一项 (3)如果没有问题,请打√;如果有问题,请说明原因
	2. what:研究了什么、发现了什么 (1)你研究的是什么问题?谁(A)与谁(B)之间的关系? (2)你得到了什么结论?	(1)问题:我国货币政策、监管政策对银行信贷行为的影响以及不同资本充足性指标程度与不达标压力对银行信贷行为的影响 (2)结论:货币政策对银行信贷行为有显著影响,监管政策中影响银行信贷行为的最主要指标是总资本充足率;银行资本充足率未达标时偏离监管政策指标的行为不会对其信贷行为产生显著影响	(1)请用简短的语言回答 (2)如果摘要没有说清楚这两个问题,摘要是不合格的

续表

大项	小项	自查结果 (在这一列填写)	备注
C-内容	3. why:你为什么要研究这个话题? (1)这个话题为什么重要? (2)是对文献有丰富作用,还是对现实中人们关心的问题有解答提示作用?	商业银行是货币政策和监管政策实施的重要媒介,货币政策、监管政策和银行信贷行为关系的研究对我国货币政策和监管政策的实施有重要的理论和实践意义	(1)请用简短的语言回答 (2)如果引言部分没有说清楚自己为什么研究这个话题,那么引言是不合格的
	4. how:你是如何研究 A 和 B 之间的关系的? (1)既有文献是如何研究的,得到了什么结论? (2)A 影响 B 的逻辑或理论机制是什么?	(1)国外:Bernanke and Blinder(1988)认为扩张性货币政策通过增加商业银行的贷款额来影响实体经济的投资和生产行为;Kakes(2000)认为货币政策的变动将改变银行的贷款供给额而影响企业贷款融资行为与个人消费;Ruiter(2003)从企业和家庭两个环节对比考虑;Matousek and Sarantis(2009)通过实证回归说明信贷渠道在各个国家都是明显存在的。国内:刘斌(2005)认为资本约束不利于银行信贷行为的扩张;赵锡军与王胜邦(2007)认为资本充足率对银行信贷行为没有显著影响;冯科和何理(2011)表明资本充足率与信贷扩张为正相关关系 (2)货币政策影响通过法定存款准备金率、存款基准利率、公开市场业务和窗口指导等手段影响银行信贷供给能力,从而影响企业贷款量,传导到企业和居民进而影响实体经济	(1)请用简短的语言回答 (2)如果文献综述没有说清楚别人怎么研究的、得出什么结论,理论分析没有说清楚逻辑链条,那么文献综述和理论分析是不合格的

续表

大项	小项	自查结果 (在这一列填写)	备注
C-内容	5. 实证研究设计是否说清楚了: (1)实证模型 (2)变量(包括被解释变量、解释变量和控制变量) (3)样本及数据来源 (4)估计方法(用 OLS 还是固定效应还是随机效应) (5)是否汇报了变量的描述性统计表 (6)是否汇报了变量的相关系数表	(1)模型Ⅰ:$\mathrm{GNL}_{i,t} = u_i + \beta_1 \mathrm{BDR}_{i,t-1} + \beta_2 \mathrm{MP}_{i,t-1}(\mathrm{Captical}) + \beta_3 \mathrm{DPR}_{i,t-1} + \beta_4 \mathrm{LQST}_{i,t-1} + \sum_{k=1}^{5} \gamma_{i,k,t} \mathrm{Control}_{i,k,t} + \varepsilon_{i,t}$ 模型Ⅱ:$\mathrm{GNL}_{i,t} = \beta_0 + \beta_1 \mathrm{BDR}_{i,t-1} + \beta_2 \mathrm{MPUS}_{i,t-1}(\mathrm{Captical}) + \beta_3 \mathrm{DPR}_{i,t-1} + \beta_4 \mathrm{LQST}_{i,t-1} + \sum_{k=1}^{5} \gamma_{i,k,t} \mathrm{Control}_{i,k,t} + \varepsilon_{i,t}$ (2)被解释变量:贷款净额增长率(GNL); 解释变量:存款基准利率(BDR)、资本充足率水平(Capital Ratio)、动态拨备率(DPR)、流动性比率(LQST)、杠杆率(LR)等; 控制变量:总资产规模(取对数值,TA)、不良贷款率(NPLR)、平均资产回报率(ROAA)、成本收入比(CTI)、国内生产总值增长率(GRNBS) (3)BankScope 数据库、中国人民银行、国家统计局官网 (4)固定效应模型 (5)是 (6)是	(1)请逐项确认! (2)如果实证研究设计缺项,则不合格

续表

大项	小项	自查结果 (在这一列填写)	备注
C-内容	6. 实证结果分析是否注意到: (1)模型整体拟合情况如何? (2)核心解释变量系数的符号和显著性如何? (3)核心解释变量变化一单位(一个标准差)会对被解释变量造成多大的影响? (4)控制变量的情况是否做了简要说明? (5)是否做了稳健性检验?	(1)模型整体拟合,变量核心资本充足率不达标压力拟合情况不好 (2)货币政策代理变量存款基准利率(BDR)系数为负,显著性水平低于1%;监管政策代理变量银行总资本充足率(CAR)系数为正,显著性水平低于1% (3)货币政策代理变量存款基准利率(BDR)1单位变化带来贷款净额增长率(GNL)0.042 9个单位变化;监管政策代理变量银行总资本充足率(CAR)1单位变化带来贷款净额增长率(GNL)0.009 7个单位变化 (4)控制变量银行业总资产(LNTA)、不良贷款率(NPLR)、平均资产回报率(ROAA)、成本收入比(CTI)、国内生产总值增长率(GRNBS)分别具体说明 (5)用不同资本充足性指标(核心资本充足率和杠杆比率)进行稳健性检验,结论具有稳健性和可靠性	(1)请逐项确认! (2)稳健性检验主要从:变量替换、样本替换、估计方法替换等角度展开

对西方货币金融理论发展的再思考①

冯瑞河

一、西方货币金融理论发展掠影

理论界一般认为，以1952年美国金融学家哈里·M.马科维茨（Harry M. Markowitz）在《金融杂志》上发表《资产组合选择》（The Journal of Finance）一文为标志，西方货币金融理论可划分为所谓的传统（古典）金融理论和现代金融理论两个阶段。

20世纪50年代以前的传统金融理论是囿于经济学理论之中的，其研究的主要问题是金融（货币供给量变动）与实体经济增长之间的关系，涉猎的内容除早期的货币、信用、高利贷等现实问题之外，主要是金融体系安排对实体经济增长的作用机理方面的问题，该时期金融的最大贡献是为实体经济运行创造出了一套精巧的机制安排——金融体系（系统），金融体系（系统）的作用就在于低成本、高效率地实现了储蓄向投资的顺利转化，以及有限资源的有效配置，熨平了宏观经济运行中的波动，使一个经济体的实际经济增长率趋近其潜在经济增长率，从而提高了短缺资源的使用效率。

1952年马科维茨论文的发表被认为是传统（古典）金融理论向所谓现代金融理论转化的一个光辉起点。自此以后，人们基本上不再以与实体经济紧密相连的资源配置问题为主要研究对象，而转向了对金融市场上微观投资者的投资行为及决策问题的研究。

二、对西方货币金融理论中金融概念界定的辨析

虽然理论界认为我国与西方在金融的界定上是存在差异的，但相通之处也

① 本文得到首都经济贸易大学“金融学在线开放课程建设项目”资助。

是显而易见的。在我国理论界一般将金融看作“资金融通”的简称，而资金融通讲的是有关资金在盈余单位和短缺单位之间的余缺调剂问题，目的在于实现资源的合理分配。与此相类似，兹维·博迪(Zvi Bodie)和罗伯特·莫顿(Robert Merton)合著的《金融学》一书写道：“金融学是研究人们在不确定的环境中如何进行资源的时间配置的学科。”并且认为帮助人们完成决策的“金融体系(系统)包括股票、债券和其他金融工具的市场，金融中介(如银行和保险公司)、金融服务公司(如金融咨询公司)，以及监控管理所有这些单位的管理机构”①。应该说，兹维·博迪和罗伯特·莫顿的金融定义与我国学者对金融的常规认识并不存在实质区别，其核心是“资金融通”亦或“资源配置”，所不同的无非是兹维·博迪和罗伯特·莫顿在“资金融通”上加入了两个维度，即“不确定性因素”和“时间因素”。

但的确有西方学者对所谓“金融”曾做出了“另类”的解释。史蒂芬·罗斯(Stephen Ross)在《新帕尔格雷夫货币金融大辞典》(The New Palgrave Dictionary of Money and Finance)中撰写“finance”词条时称“金融以其不同的中心点和方法论而成为经济学的一个分支，其中心点是资本市场的运营、资本资产的供给和定价；其方法论是使用相近的替代物给金融契约和工具定价。”②就该金融定义来看：①它将金融(学)看作经济学的一个分支是比较符合常理和普遍认识的；②它将金融问题仅限于资本市场上的问题未免太过狭隘和偏颇，有些以偏概全；③它对金融的认识是基于美英那种资本市场导向型的直接金融体系(系统)而做出的，否定了世界各国金融体系(系统)构造上的多样性，因此，有些过于武断；④它是典型的20世纪50年代到90年代经典现代金融理论的观点。经典现代金融理论为了解决金融市场上微观投资者的最优决策问题，以哈里·马科维茨的现代资产组合理论、尤金·法玛(Eugene Fama)等人的有效市场假说、完全理性假设等为基础，创建出了完美市场前提下的一系列模型和理论，如资本资产定价模型、期权定价模型、套利模型、M-M定理等，其创建者先后获得了

---

① 兹维·博迪，罗伯特·莫顿．金融学[M].北京：中国人民大学出版社，2000.

② 彼得·纽曼，默里·米尔盖特，约翰·伊特韦尔.新帕尔格雷夫货币金融大辞典：第二卷[M]．北京：经济科学出版社，2000.

诺贝尔经济学奖。

三、从金融理论的异化到金融实践的异化

大致从20世纪90年代开始,这种另类的金融定义一直被我国一些学者奉为“经典”,视为“权威”,从而成为对所谓现代金融的习惯性解释,并形成了金融理论(教学)上的异化现象,即枉顾经济与金融现实,使金融专业培养越来越明显地背离为实体经济服务这个宗旨,逐渐变成了一个孤芳自赏、围绕“洋八股”式科研而运行的独立领域。

金融理论的发展必然会影响到金融实践。20世纪70年代以来,伴随着经济自由主义思想的复活,发达市场经济国家纷纷放松对金融的管制,发展中国家、新兴市场国家、转轨国家先后进行了金融自由化的改革,大量的与所谓投资相联系的新型金融机构如雨后春笋般地涌现出来,金融业得到了飞速发展。就连传统的银行也不得不适应形势,由原有的“银行账户”拓展出了“交易账户”,其业务也由资产负债表内逐渐转移到了资产负债表外,金融实践就这样逐渐被异化掉了。异化的金融实践的最终结果便是经济活动的日益虚拟化,经济运行的人为操纵化和高风险化。

在国外,早在1994年,美国经济学家、政治家和教育家林顿·拉鲁什(Lyndon. LaRouche, Jr)就在《即将到来的金融市场崩溃》一文中提到,整个世界金融体系已经变成一座“摇摇欲坠的金融倒金字塔”①;法国经济学家、诺贝尔经济学奖获得者莫里斯·阿莱(Maurice Allais)在1994年法国《世界报》的连载文章中认为世界金融体系的发展趋势是“发疯”,世界经济已经成为一个大赌场,在这个赌场中,每日金融交易与实际物品贸易有关的不足2%;1995年6月15日至17日,于加拿大让·克雷蒂安新斯科舍省哈利法克斯召开的“八国集团”第21届高峰经济会议上,法国前总统雅克·勒内·希拉克(Jacques René Chirac)就曾预言,世界金融市场上存在一个庞大的投机泡沫,患了“金融癌症”;美国《芝加哥论坛报》(Chicago Tribune)资深国外财经记者、杰出专栏作家理查德·隆沃斯(Richard Longworth)在《全球经济自由化的危机》一书中写道:

---

① L H LaRouche Jr. The coming disintegration of financial markets[J].EIR, 1994, 21(26): 24-37.

"全球资金市场两个星期的交易量,就超过全世界每年贸易和投资之所需。另外 50 个星期的交易活动,全是投机。""投机性的经济活动,规模是真正经济活动的 12 倍。"①

在国内,异化的金融认识把人们带入一个炒股票、炒债券、炒基金、炒期货……的金融世界,金融被浓缩为一个火热的"炒"字,由此,金融业成为一个最具魅力的热门行业,金融学成为现代经济学最热门的学科,金融逐渐失去其本意,人们趋之若鹜地涌向金融,几乎都是看中了这个"炒"字。有相当多的人认为,经典的现代金融理论可以帮助我们实现既定风险下收益的最大化或者是既定收益下的风险最小化的理想目标,是我们"发财致富"的指路明灯,而忘却了金融的本义。一时间,券商、基金、股票、期货、互联网金融等金融名词漫天飞舞,货币资金空转。时至今日,甚至出现了明显的实物商品金融化、虚拟化的情形,这可从近些年的"豆你玩、蒜你狠、姜你军、苹什么、猪坚强……"等戏称中略见一斑。

① 理查德·隆沃斯. 全球经济自由化的危机[M].应小瑞,译. 北京:生活·读书·新知三联书店,2002.

高校金融专业人才培养模式探索

李亚男

摘　要：随着全球经济的发展，金融在各国经济中的地位不断上升，建设金融强国成为我国的重要目标。金融的不断发展造成了高校培养的金融专业人才和金融业需求的不匹配。本文从师资建设、校企合作、复合型人才培养、硬件设施配备等方面探究新型金融专业人才培养模式，并试图解决一些改革中出现的问题。

关键词：人才培养，金融国际化，互联网金融，复合人才

一、新时代需要新型金融业人才

随着金融全球化，互联网、区块链、人工智能等技术应用于金融行业，我国金融业发生了翻天覆地的变化。基于云计算、大数据、人工智能、区块链、生物识别及移动互联等的一系列技术创新全面应用于支付清算、借贷融资、交易结算、财富管理、零售银行、保险等六大金融领域。金融科技创新是金融业未来的主流发展趋势，未来的金融业急需精通现代科技的银行从业人员。

这种变化，一方面为社会的发展带来前所未有的机遇，一方面对金融人才提出了更高的要求。随着互联网金融和各种技术的应用，懂得计算机、编程、软件运用、数学、统计工具的复合型金融专业人才变得炙手可热。金融国际化的发展又对金融专业人才的语言能力提出了要求。金融行业不仅需要理论知识扎实的学生，实践经验和专业资质也为企业所看重。具体来说，现今紧缺的金融人才应具备复合型、高精尖，具有全新理念，能解决现实问题等特点。对此，高校需要进行相应的培养模式改革。

二、加快高校教改步伐，培养金融业需要的专业人才

高校，尤其是财经类高校应重视对新型金融专业人才的培养。目前，大多

数高校在金融专业人才培养方面还处于起步阶段,人才培养滞后于企业需求,师资力量有待加强,学科建设水平有待提高。本文认为应从以下方面对高校教育进行改革。

(一)健全金融学理论体系,加强学科建设

鉴于金融企业对复合型、高精尖人才的需要,一方面,高校应增设统计学、计算机学等技术性课程,并辅以传统理论性课程,培养理论知识扎实、技术能力强的全面人才,以满足社会对人才的需求。这里需要注意的是,数学、统计学、计算机科学等并不是机械性地加入学科建设中来,应该和传统学科有机结合,应是理论教学和应用领域之间的纽带。另一方面,高校可增加一些专业资质考试培训的课程,如精算考试、CFA 考试等,有针对性地帮助学生通过考试。

(二)健全师资力量

师资是教育的基础,也是学科建设的基础。高校要培养国际化金融人才,就要造就一支具有国际视野和创新思维的师资队伍。这就需要采用跨国培养与引进人才的方法,鼓励教师出国交流,深入基层实践。高校要培养复合型专业人才,需要输入新鲜血液,引进交叉专业的复合型老师;需要优化现有教学团队,定期组织教师培训,定期组织讨论班和研讨会,促进不同学科教师之间的交流,努力培养教师中的复合型人才。

(三)实施精细化教学

由于现代社会越来越需要高精尖人才,人才的个性化培养显得尤为重要。因材施教、定向培养、小班授课,这些是实现人才个性化培养的必经之路。但对于高校来说,全面的因材施教和小班授课将大大增加教学成本,不好实现。这就需要转换角度,让多种学制体系并存,重点培养社会急需人才,提升学生专业素养和创新能力。

(四)加强与社会、相关企业的合作

校企合作是建立金融教育合作机制,防止高等教育与人才市场相脱节的必经之路。人才的培养离不开社会的支持,反过来新型人才又为社会服务,这样就形成了良性循环。因此,一方面,应为大学生提供有利于他们发展的实践基地,多组织大学生到企业参观活动,在这个过程中学生会发现问题,学习时就会带着解决问题的目的来学。这不但增加了学生的学习动力,也能为企业培养未来的生力军。另一方面,应从企业和相关政府部门或研究机构聘请校外教师,这样在校学生就能获得专业领域的前沿动态和信息,并得到权威专家的实践性指导。最后,学校可以与企业联合培养相关人才,招募企业定向生。这样,企业可以通过学校的专业知识处理自己的技术性难题,学生也能获得企业的培养机会,通过针对性的实践训练来培养实际工作技能。总之,新时代的校企合作形式多种多样,校企合作势在必行。校企可以共同商讨人才的培养目标,搭建跨学科、跨专业网络学习平台,实施网络化考试和模拟实践,以提升金融教学质量。

三、改革中出现的问题及应对措施

(一)双语教学

双语教学是培养国际化金融人才的必经之路,是金融专业人才培养模式改革的重点、难点。但是,由于部分学生语言基础差,双语教学中很容易出现学习效率低的现象。因此,实际授课时应时刻谨记双语教学的最终目的是教会学生如何进行国际金融事务交流,可适当放宽双语教学标准,灵活应用母语解释专有名词。这样既能更深刻地掌握专有名词,又能减轻学生和老师的工作量。

(二)课程细化

课程细化是培养专业人才的一种方法。在培养模式改革中,一方面,它带来了学生对专业知识的强化培训;但另一方面,课程的过分细化会削弱学生对整体的把握。对此问题,不妨采取先让学生掌握知识架构,再细化教学的方法,让学生知道自己所学内容的价值,以提高学生的学习兴趣。

(三)课程建设

课程建设方面,在加入技术性课程的时候,学校往往缺乏对学生知识结构和接受能力的考虑,所以教学成果不是很理想。针对此问题,应系统地增加一些讨论班或开展组织帮扶活动,促进学生的课下消化。因材施教,必要时可多开几门选修课,把主动权交给学生,让学生选择适合自己的课程。对于准备进行资格考试的同学,由于他们往往来自不同的班级,寻找相同的培训时间是很困难的,不妨建立专门的教学平台,由专业老师提供教学视频,供他们学习。

(四)校企合作

在当前的教学培养模式改革中,不得不说的是校企合作。学生走到金融企业中去实习、历练,是一条使教育理论和现实接轨的捷径。但由于企业往往不会重点培养实习生,实习的效果可能不尽如人意。近年来,已有很多学者研究如何加强校企合作的问题。本文认为,校友资源是值得利用的。这就要求学校善待学生,让学生树立起强烈的爱校意识,团结起来回报母校。可定期邀请校友回母校作报告、参观等。校企合作终归需要双赢,应发挥学校的科研优势,帮助企业的科研部门进行产品设计、优化投资设计等,这样也锻炼了学生的科研能力。

参考文献:

[1]刘灿,毛洪涛．我国高层次金融人才培养现状调查[J].中国大学教学,2008(10):29-32.

[2]王晓军．论现代金融人才培养与高校金融教学改革[J].当代经济,2008(7):116-117.

[3]莫易娴,刘仁和．论我国“互联网金融”人才的培养[J].金融教育研究,2014(3):66-68.

[4]许一帆．金融国际化背景下高校金融人才培养模式探索[J].教育理论与实践[J].2013 (27):17-19.

[5]范祚军,唐菁菁．我国高校现代金融人才培养模式研究——基于金融全球化的视角[J].创新,2012(4):98-102.

[6]李光红．校企合作创新的演化博弈分析[J].科技管理研究,2007,27(8):153-154.

关于高校金融学专业核心课程建设的一些思考①

祁敬宇

摘　要：本文结合金融学院金融学核心课程建设，就高校金融学核心课程建设的使命、教学科研方面的不足及如何加强核心课程建设等方面的问题进行了思考，并提出了笔者自己的观点。

关键词：金融学，核心课程，学科建设

在金融全球化的时代背景下，金融学核心课程的建设对高校财经专业特别是金融学专业的质量提升起着至关重要的作用。然而，如何更好地推动金融学核心课程的建设，却是一个重要的理论和现实问题。这里，笔者结合经济学、金融学教学和研究的体会，谈些粗浅的认识，以期与各位同人交流。

一、哲学社会科学研究的宗旨决定了高校金融学核心课程建设的使命

哲学社会科学和自然科学是当代科学体系的两大支柱。相对于其他社会科学，经济学特别是金融学的教学科研有着自身的特点。由于笔者长期从事金融学的教学和实践，因此结合自身的体会和实践，重点就当前我院金融学核心课程的建设谈点粗浅的认识。

经济学源于中国古典文献中的"经世济民"，从中我们可以看到古代先哲对于经济学的理解。《论语》记载着帝尧告诫舜的言论："四海困穷，天禄永终。"(《论语·尧曰》)这句话的意思是说，老百姓生活穷困时，政权就要丧失。这一

---

① 本论文系首都经济贸易大学教改课题"金融专业课程体系整体优化与教学内容改革"成果。

作者简介：祁敬宇，山西晋中人，中共党员，经济学博士，首都经济贸易大学金融学院教授；目前主要研究金融监管、中外金融史等领域。

论断，已被后世各王朝更替的事实所证明。中国传统的经济思想认为，经济保障人民生活，经济活动的产品如食货等，可“遂其养”“民生可厚”，满足人民不断丰富的生活需要。

丰富的中国传统文化中许多因素不仅不排斥经济学，而且可以为经济学的产生和发展提供哲学和文化营养。例如：道家文化的自然观主要是倡无为而冀逍遥、垂拱而治等，这其实正是自由主义经济学的哲学基础；法家文化的刑赏、法治及“事在四方，要在中央”等观点可成为国家干预经济、进行宏观调控的哲学基础；儒家文化主张兼容、德治和仁义，其更具包容多派的学术品质，如法家倡导的刑赏、法制作为国家治理的必需手段和思想要素被保留在儒家的思想体系中，并与仁爱、德治互为表里，对后世影响极深。这些都深深植根于中国传统哲学社会科学的“经世济民”之思想体系中。这些哲学、文化营养曾经孕育出中国古代统治者治理国家和社会的许多经济政策或管理手段，我们今天的社科工作者需要加强对传统哲学思想文化的学习并汲取营养。简言之，中国传统哲学社会科学是一个多元化的庞大的思想文化体系，内容颇为丰富，符合哲学社会科学的精神和终极价值，对人类社会的发展和文明进步具有极为重要的意义。

中国传统文化广袤深厚，极具底蕴，其中不乏经济思想和管理经验，有许多闪耀着哲学和经济学光辉的思想。当代中国的哲学社会科学工作者，有义务和责任去研究它们，以更好地为经济社会服务，促进协调发展。

从西方经济学来看，凯恩斯于 1936 年发表了著名的《就业、利息和货币通论》，对传统的经济学进行修补，实现了凯恩斯革命，产生了凯恩斯主义，并逐渐为大多数经济学家所信从。直到现在，凯恩斯主义虽然已经“失灵”了，但在西方经济学界仍然具有很大影响。我们或许可以说，在当代西方经济学界，至今还没有出现一个真正划时代的人物和学说能代替凯恩斯的理论学说及其经济学“一代宗师”的地位。在凯恩斯主义及其学派的形成和发展过程中，与之相伴而起（或与之相抗衡）的各个经济学派也纷纷出现。论其大者主要有：凯恩斯学派（其中又可分为新古典综合派和新剑桥学派）、货币学派、新自由主义学派、新制度学派、瑞典学派、激进学派、熊彼特理论体系、罗斯托“经济成长阶段论”，以及后来兴起的供应学派、合理预期学派，等等。这些学派的经济理论将研究的重点放在稀缺资源的有效配置上,其理论基础是瓦尔拉斯一般均衡理论,其研究方法是边际分析方法,其研究目的是要论证依靠市场机制的作用使经济达到帕累托最优状态。这种以“竞争”为核心的经济学是西方的经济学,这同中国古代哲学中的“天人合一”的思想大为不同。这些经济学理论在人类社会的经济活动中也受到了不同程度的挑战,周期性发生的经济、金融危机便是有力的证明。

中国古代哲学对于“经济”的表述,深刻体现着中华民族“天人合一” 的哲学思想精髓。我国古代哲学家荀子在论述尊重我们生存的环境时(笔者理解这一环境既包括自然环境也包括社会环境)说过这么一句话:“天有其时,地有其财,人有其治,夫是之谓能参。舍其所以参,而愿其所参,则惑矣。”意为:人的功能是与天地相配合,而非去耗竭资源、争夺资源,如果人类放弃与天地配合、与大自然配合的本分,却去与天地、大自然争高低,将会祸及自身。

随着人类改造自然能力的提高和科技的发展以及经济总量的增长,人类对自然资源的破坏也日益严重,自然资源日益贫乏,能源危机、环境危机残酷地摆在人类面前,人类自身社会系统内部也不断滋生着矛盾和冲突(如经济、金融问题),人类与自然资源、人类与社会内部诸要素以及相互之间的不协调问题日益突出。在这样的背景下、在今天人类生存和发展面临挑战之时,重新拾起中国古代的哲学思想,创建“天人合一”的当代经济学是很有理论和现实意义的。一些发达国家的高消费、高外债造成巨大的资源损耗,并导致各种危机频发,资源配置失衡以及社会动荡等问题。与此同时,东方固有的节俭意识、“天人合一”、“阴阳共存”等治家治国理念,无疑对我们今天的哲学社会科学工作者具有借鉴意义,帮助我们坚持科学发展观、走可持续发展的道路。

笔者所理解的东方经济学之精髓就是“节约、互利、均衡、协调”。以“竞争”为主线的西方经济学之中也不同程度地体现了这些精神,但其对“资本”的追逐、对“竞争”的喜好也是不容忽视的。

所以,在金融学核心课程的建设中,我们应该有意识地从中国传统哲学文化中吸取营养,提高金融学专业学生的综合素质和使命担当。总的说来,财经高校在这方面做得还不够,还需要我们继续努力耕耘。

二、当前金融学核心课程建设中存在的一些不足

包括经济学在内的社会科学的宗旨无疑应当是为百姓谋福利,应当关注社会、经济和民生,应当为政府、为国家发展建言献策。然而,各种客观事实表明,目前我们的哲学社会科学研究还不尽如人意。比如,由于传统经济理论与方法本身存在的固有缺陷,人们对客观经济、金融活动规律的认识极其有限。20世纪末爆发的东南亚金融危机、近年美国爆发的次贷危机,都打破了人们对于传统经济学的迷梦。这种对于传统经济学和社会科学理论研究的反思迫切地要求我们哲学社会科学理论研究者和教学工作者积极地探讨新的理论和分析方法,以解决这些极其迫切和重要的社会现实问题。

哲学社会科学作为一个完整的学科体系,像一棵大树深深植根于社会经济生活的土壤中。其中,经济学以其严密的逻辑和数学推理有别于其他社会科学,被称为社会科学的皇冠。对现实经济问题进行研究阐释,是经济学工作者始终不渝的使命。

然而,在当今中国经济学界,出现了“新八股”。比如,一些学者只是在“制造”一些模型,罗列一些抽象的数据,并没有与现实的经济社会存在的问题相结合。缺乏相应的调查研究和考察,也就难以得出令人信服的结论,更不可能提出有针对性的建议。于是,一方面是中国经济学及其研究的现代化、与西方研究的接轨,以所谓的“核心期刊”“权威期刊”抑或是被SCI、SSCI、SSSCI检索之类为“学术成果”;另一方面,高校社会科学研究与现实脱节,远离了中国传统社会科学“经世济民”的宏旨,直接导致中国知识分子几千年持有的人生道义、学术智慧和“天下兴亡,匹夫有责”的人格尊严、社会使命和气节被趋炎附势、急功近利等所取代,“经世济民”不再是学者的追求,甚至被当成落伍和笑话。二者的失衡,使得当代社会科学研究不可能真正地担负起经济学的重任。经济学研究的繁荣,颇似一棵“枝繁叶茂”的大树,人们看到的只是表象的繁荣,然而这棵大树却没有“根”。它没有深深地扎根于现实,脱离社会,它是书斋中的经济学、论文中的经济学、模型数据中的经济学。

在研究哲学社会科学时,如果没有与使命、道义、良知相结合,经济学者就不会有进步。经济学及学者该不该关注民生?该不该反映民意?该不该替老

百姓说话？这些问题都引发了一系列争议。经济学何去何从,眼前是重重迷雾,仍有很多问题没有厘清。但路在脚下,我们必须前行,必须思考,中国到底需要什么样的经济学者？我们应当如何做一个经济学者？这些问题是应当引起我们重视的。

三、提高金融学核心课程建设的一些思考

高校哲学社会科学研究所揭示的规律和对现实社会问题的解释是否对实践有益？这应当通过实践来检验。如果能借鉴实验经济学的思想和方法对其加以检验,这对于高校哲学社会科学的发展无疑是具有积极意义的。

金融学核心课程建设一定要立足于服务现实。如果不考虑社会经济,仅仅盲目地进行学术研究,甚至贸然应用于现实经济,必然会导致问题丛生,甚至可能造成巨大的损失。

此外,金融专业的教师要积极融入经济社会实践,加强与经济社会的联系。过去的一些研究经济领域的理论工具,已很难对新时代的现实产生促进作用。不断发展变化的社会,触动着理论研究的进步与实践的拓展。当前哲学社会科学众多学派的百家争鸣,以及全球现实政治经济和社会的发展变迁,正在最直接、最强烈地对哲学社会科学研究提出新需求。

经济社会由众多经济因素、社会因素以及其他因素交织而成,这个系统中的组成和相互关系极其复杂。任何单一因素都无法决定整个经济社会,也不能代表整个经济社会。

同时,教师也要注意提高自身素质,以"经世济民"为己任,永不封闭自己,永不拒绝新理论、新工具和新方法。对于相关的人类学、经济学、历史学等社会科学要有一种超越的融合,这种融合要广泛涉及各种具体的历史的和现实问题,对当代世界的一系列问题开展研究,而这些研究的逻辑起点应当是自己所熟悉的领域,没有对经济社会的关注和了解,就不可能有对全国,乃至全球的了解。

总之,教师教学研究的生命力在于不断自省、关注现实,从而为社会、为国家、为人类贡献力量。

国际金融专业国际化教学改革的相关探讨①

周　晔　王梦然

摘　要:随着中国金融业对外开放程度的不断提升,金融市场对于国际金融人才的需求持续增加,但是相应人才队伍的培养却出现断档,国际金融专业的相关教学改革备受瞩目。本文根据首都经济贸易大学国际金融专业的现实情况,通过分析该专业在培养计划、专业实践和教学方法等方面的缺陷,提出了三个方面的建议:制定更加合理的专业培养计划,加强校内和校外实践课程建设,以及优化教学手段和方法。

关键词:国际金融,教学改革,实践课程

随着经济全球化程度的不断加深,各国之间的金融活动愈发频繁,我国金融业的对外开放度及其重要性也日益提升,当前的金融市场迫切需要一批具备国际金融相关知识的创新型人才。作为金融学专业的一个重要分支,国内众多知名高等院校纷纷开设了国际金融专业。首都经济贸易大学金融学院 1994 年设立国际金融本科专业,旨在为我国培养更多的具有国际化水准的复合型金融人才,在过去 20 多年的教学过程中,积累了丰厚的教学经验。但为了与时俱进,适应当前经济全球化、金融科技化的发展,以及市场对于金融人才要求的变化,有必要进一步改进国际金融专业的培养计划,对课程设置、教学方法等不断进行改革。在国际金融专业教学改革的背景下,本文针对近几年专业教学过程中存在的问题,提出对于国际金融专业教学改革的几点思考。

一、国际金融专业教学改革的背景

自 20 世纪 80 年代以来,为配合经济体制的改革,我国金融体系开始了持

① 本文得到首都经济贸易大学"金融风险管理案例及幕课建设"项目资助。

作者简介:周晔,河南开封市人,首都经济贸易大学金融学院、金融风险研究院教授,研究方向:金融风险管理。王梦然,北京市人,首都经济贸易大学金融学院硕士研究生。

续近40年的优化调整,政府渐渐放松对银行业的控制,银行体系由以四大国有银行为主体演化为各类商业银行的相互竞争、合作。尤其自中国加入世界贸易组织(WTO)以来,伴随着民营资本大举进军金融业以及越来越多外资银行的出现,国内的金融体系建设逐渐完善,金融市场竞争日益激烈,与全球金融市场的联系也越发紧密。金融行业的快速发展,使得近年来我国市场对国际化应用型人才的需求日益旺盛。国内高校如何与日新月异的金融行业实现真正意义上的对接,培养出合格的国际化应用型人才,逐渐成为国内各大财经高校"国际化教学模式改革"关注的重心所在。

现代大学所培养的国际性人才,不仅要有"高深的专业理论知识",而且要具备多种能力。培养大学生的能力需要在教学过程中进行科学系统的方法训练,此外还要求大学生有一定的实践经验。大学生多种能力的培养是我国大学教学中重要而又容易缺失的内容和环节。大学教学要在突破传统知识教学的框架、形成一种综合能力培养和实践方式的同时,在教学和实践中提高大学生的学习能力和创新能力,以增强学生竞争参与能力、信息处理能力和国际交往能力等参与国际活动的能力。

国际化的人才培养和课程内容需要运用相应的教学方法以达成目标。为提高教学质量,诸多知名财经高校都在不断探索新的教学技术和方法,以提高教学效率。此外,随着我国科技的进步和经济水平的提高,各类财经高校教学设备和教学手段的改进十分迅速,多媒体教学技术、网络信息技术、远程教育技术等为大学教学的科学化、国际化创造了良好的条件。虽然国内大学教学中的现代化设施不断增多,网络课程、多媒体教学使教学信息的选择和传达变得更加丰富、便捷,但大学教师在教学方法上的科学性和创造性却稍显不足,其教学技术与艺术水平还不能满足大学教学国际化的需要。大学教学,尤其是国际金融专业的教学应在科学规范的基础之上,学习国际和国内其他先进院校的优秀教学方法,探索最适合金融学院国际金融专业课程的多种教学方法和手段。

如果金融学院本身连一个国际化的、系统的创新型教学模式都没有,那么就谈不上高等教育国际化,也完成不了培养国际化创新型人才的任务。经过多年的教学摸索,我们对国际化应用教学模式的理解是:在强调学生练好英语语言基本功的前提下,同时具备与工作相关的金融专业知识,注重培养获取知识的能力、独立思考的能力和创新能力。这与当前国际上流行的通识教育的基本理念是一致的。现代社会,人必须有谋生的技能才能择业生存,即:通识教育模式下培养的人才也需要有过硬的专业本领!这实际上是价值合理性教育与工具合理性教育的统一。

二、当前国际金融专业教学存在的问题

近年来,首都经济贸易大学金融学院尝试通过“国际化+应用型”人才培养模式,为培育现代化的高级金融人才寻求一条较为实用的培养路径。经过不断努力,国际金融专业通过一系列双语课程模块的教学实践,在培养和提高学生运用英语能力的同时,站在国际视角上,多方位、多角度地开拓学生获取专业知识的途径,取得了丰硕的教学成果。但是在教学实践过程中,我们也发现了一些相应的问题。

(一)专业培养计划有待更新

国际金融专业是一个国际化、需要与时俱进的领域,有着较强的时代性。随着经济全球化和国内金融改革的不断推进,国际金融市场,各种新技术、新工具层出不穷,这就要求国际金融专业的培养计划应根据市场经济形势进行相应的调整。

目前我国高校国际金融专业课程设置更加侧重于宏观经济层面,如国际经济学、货币银行学等,但国际金融专业的自身特点决定了其培养方案既要强调较强的理论基础,又要强调较强的实践性和应用性。例如,国际金融市场包括货币市场、资本市场、外汇市场、黄金市场等,当前金融衍生品市场愈发活跃,那么培养计划中针对微观计量和实务操作方面的权重就不能偏低。基于培养更多应用型金融人才的考虑,应当对国际金融专业培养计划进行一定的修改。

(二)专业实践方面较为薄弱

对国际金融专业来说,实践教学是必不可少的环节,一般分为校内实践和校外实践。

校内实践主要包括两部分:一是学生参加各种金融竞赛和创业创新大赛。

我校虽一直鼓励学生参加金融类比赛,但由于学生对于这方面关注较少,所以并没有在竞赛上取得过突出成绩。二是老师带领学生在模拟实验室进行金融模拟实盘训练。我校金融学院虽建设有数字化金融实验室,但本科阶段并没有组织使用过。

校外实践主要是社会实习。我院要求国际金融专业学生在四年中完成认知实习、专业实习和毕业实习,但我院联系的校外实训基地只有工商银行等,工作岗位主要是大堂经理助理,这类实习对国际金融专业知识的掌握程度要求不高,所以能学以致用的实习机会还需要学生自行寻找。因此,组织学生参加金融类竞赛和金融模拟操作实验有待进一步落实。对于如何提升学生创新实践能力,也需要进一步探索。

(三)教学方法有待改进

国际金融专业作为理论性、实践性和时代性很强的热门专业,不仅专业知识更新快,而且理论与实际需要紧密联系。目前国际金融专业的课程还是以传统的教学模式为主,偏重于理论讲述,对于教学实践方面的培养计划较少,缺乏创新意识。这容易导致学生感觉学非所用,丧失对专业课程的学习兴趣,降低学生学习的主动性和积极性。学生没有真正学到知识,最后会变成仅仅为应付考试而学习。传统的教学方法不能很好地培养学生的理论应用能力和实践能力,导致专业培养计划无法达成。因此,为保证教学质量和效果的提高,应转变教学方法,将理论与实践相结合,进一步探索多元化教学方法。

三、对国际金融专业教学改革的思考

(一)制定更加合理的专业培养计划

国际金融专业毕业后主要有三大去向,一是考研,二是出国,三是就业。金融学院国际金融专业的培养计划为“公共必修课→专业必修课→专业选修课”,其中公共必修课中包括大量政治类课程和一部分与专业关联程度很小的课程,这些课程几乎占据了大部分公共必修课的内容,而传统的课程设置无法很好地适应当前社会对于金融人才的需求。这需要我院对国际金融专业的培养计划进行改革,以适应未来的就业目标。基于上述情况,本文提出以下几点建议。

1. 更新专业培养计划。以就业为最终导向,重新制定国际金融专业培养计划,更新部分课程设置,以务实性、针对性为原则,精简教学内容,去除部分与专业无关的必修课程,以便学生集中精力在主要的专业课学习上。

2. 增加微观金融市场相关课程。随着国际金融市场的不断变化,金融专业的研究方向渐渐由宏观理论研究转变为微观研究。因此,应增添微观金融课程,如资产组合、风险度量等,促进宏观和微观国际金融课程均衡发展,让学生在了解理论的同时加强实践能力。

3. 调整政治类课程考试方式。政治类课程应更注重培养学生对于政治的敏锐性和学习兴趣,建议将考察方式由闭卷考试调整为开卷考试或大作业的形式,减轻学生在政治课程上的压力。

4. 注重学生数据分析统计和英语能力的培养。由于国际金融专业是一个综合性很强的专业,需要学习数学、英语、计算机等多方面的知识;特别是随着金融科技的发展,现代金融需要分析处理大量数据,使得数理统计和英语学科的重要性日益凸显。为此,建议将数理统计和英语的教学与国际金融专业知识互相融合,培养学生综合运用各科知识的能力。

(二)加强校内实践和校外实践建设

无论是用人单位还是国内外高校,国际金融专业学生的实践经历一直是衡量能力的一个重要指标。国际金融专业实践性较强,学生不但需要学习理论知识,更重要的是要将所学的知识应用到现实的金融实践中。为提高学生综合实践能力,应加强校内实践和校外实践建设。

1. 应用金融模拟实验室,强化实践教学。老师在一些特定教学过程中可以带领学生参观、使用数字化金融实验室。例如,在了解商业银行经营环节时,可以在实验室模拟商业银行业务环境,“切身”体会商业银行中各种业务的经营过程。此外,学生可以通过平台组织模拟证券实盘交易、开办模拟银行进行存贷款等,这不但可加深学生对理论知识的理解,还能提高学生对于金融市场交易的实操能力。

2. 邀请金融领域专家来校举行讲座。我校每周都会聘请企业高层管理人员或各领域专家教授给学生办讲座,但学生对讲座安排关注较少,经常会错过很多难得的学习机会。建议学校官方公众号每周发布一次讲座安排信息,让班长转发到班级群,使消息得到及时传播。通过校外金融人士的经验分享,学生能够了解最新的金融动态。

3. 与国际金融专业对口企业建立合作关系。我院目前在中国工商银行建立了实训基地,但工作内容较为单调,对国际金融知识应用较少。建议联系一些有国际金融业务的知名金融机构,共同建立实训基地,给学生提供更多实习机会,在实践中增强学生的业务能力,为学生毕业后步入社会打下坚实的基础。

(三)优化教学方法

除了对国际金融专业培养计划和校内外实践建设的改革外,还需要调整传统的教学方式。从以往经验来看,国际金融专业的教学主要以课程知识的传授为主,因此课堂上老师往往会专注于PPT或书本,与学生的互动较少,特别是对于如何将知识应用到实际涉及较少。学生在上课过程中会感觉专业课程理论性过强、实践内容少、学习过程枯燥乏味,为此可以考虑采取多元化教学方式。

1. 充分利用多媒体教学工具。我们学院大多数国际金融专业课程都是采取"老师课上讲,学生下面听"的形式,但这种授课方法往往会使学生听讲时"左耳进,右耳出"。为改变这种状况,建议老师充分利用多媒体教学,而不是仅仅依赖PPT课件,还可以使用动画、视频等方式对课程内容进行补充。例如,在讲到2008年国际金融危机时,可以借助电影《大而不倒》或《大空头》,让学生对于金融危机有更深层次的认识。

2. 实行课堂互动式教学。改变单调的被动式授课方式,让老师和学生有更多互动,激发学生对于课堂的兴趣和热情,创造一种活泼愉快的课堂氛围。例如,在课堂讲述过程中提出问题让学生分组讨论回答。

3. 加强国际金融课程中的双语教学。国际金融专业的自身特性决定了英语需要贯穿课程的始终,这就要求学生不但要掌握阅读英文文献的能力,还要知晓国际金融市场的相关交易规则和监管法规。因此,建议我院国际金融专业进一步推广双语教学,但要注意课程内容不能过于晦涩难懂,应选择难度适中的课程进行双语教学。此外,还要注意学生的英语水平和进度,在教学过程中注意分阶段、分层次、循序渐进地讲授课程。

总之,对国际金融专业教育的改革和探索应当是无止境的,本文所提到的教学改革方法主要针对本院现存的一些问题，为了促进教学质量的提高，培养出更多的综合型金融人才，需要国际金融专业的同人们付出更多的辛苦，探索新的教学方式。

参考文献：

[1]俞萍萍，赵永亮．应用型本科院校国际经贸专业实践教学改革研究[J].经贸实践，2018(18)：343-345.

[2]徐雅．国际金融专业以学生为中心的实践教学改革探索[J].中国教育技术装备，2015(1)：115-119.

[3]欧璇．关于国际金融专业教育改革的思考[J].当代经济，2010(4)：118-119.

[4]欧阳有旺，郭常亮．国际经贸专业实践教学体系探讨[J].江西青年职业学院学报，2005(4)：26-28.

“五位一体”的美国大学生数学建模竞赛培训模式研究

徐　昕

定量建模能力是现代金融复合型人才所必备的能力。美国大学生数学建模的教学培训是培养具有定量建模能力的复合型金融人才的有效途径，符合首都经济贸易大学金融学院培养“创新型、复合类、国际化”的现代金融人才的目标。

一、美国大学生数学建模竞赛简介

美国大学生数学建模竞赛(MCM/ICM)是一项国际级的竞赛项目，MCM/ICM 是 Mathematical Contest in Modeling 和 Interdisciplinary Contest in Modeling 的缩写，即“数学建模竞赛”和“交叉学科建模竞赛”。MCM 始于 1985 年，ICM 始于 2000 年，二者均由 COMAP(the Consortium for Mathematics and Its Application，美国数学及其应用联合会)主办，得到了 SIAM、NSA、INFORMS 等多个组织的赞助。MCM/ICM 注重研究问题，解决方案的原创性，团队合作、交流以及结果的合理性。竞赛以三人(本科生)为一组，在四天时间内，就指定的问题完成从建立模型、求解、验证到论文撰写的全部工作。MCM/ICM 的宗旨是鼓励大学师生对范围并不固定的各种实际问题予以阐明、分析并提出解决办法，鼓励师生积极参与并强调实现完整的模型构造的过程。它是一个公开的竞赛，每年有若干不受限制领域的实际问题，学生以三人组成一队的形式参赛，在三天(近年改为四天)内任选一题，完成该实际问题的数学建模全过程，并就问题的重述、简化和假设及其合理性的论述、数学模型的建立和求解(及软件)、检验和改进、模型的优缺点及其可能的应用范围的自我评述等写出论文。美国大学生数学建模竞赛每年的比赛时间一般定在 2 月初，需要在官方网站报名，要有固定的指导教师。奖项设立分为五类：不成功参与(Unsuccessful

Participant)、成功参赛(Successful Participant)、二等奖(Honorable Mention)、一等奖(Meritorious Winner)、特等奖提名(Finalist)、特等奖(Outstanding Winner)。

美国数学建模竞赛是一项集数学、计算机及英语表述的综合竞赛。准备参加竞赛的学生通常需要做一些准备,即要参加学院组织的竞赛培训。学生如何更有效地学习数学建模,教师如何对学生进行竞赛培训、以怎样的方式进行培训等都是值得深入研究的问题。经过多年的实践,首都经济贸易大学金融学院初步形成了适应本校学生实际情况的培训方法,已探索出适合学生并具有自身特点的培训体系。

二、首都经济贸易大学金融学院美赛建模"4+1"五位一体培训模式

构建"4+1"的培训模式,即 4 个赛前培训加 1 个竞赛后总结讨论(见图 1)。每一个竞赛前培训又细化为几个不同阶段,在各个阶段设立不同目标、采用不同方式、选择不同内容,以达到阶段性的效果,进而取得针对性培训的实际效果。

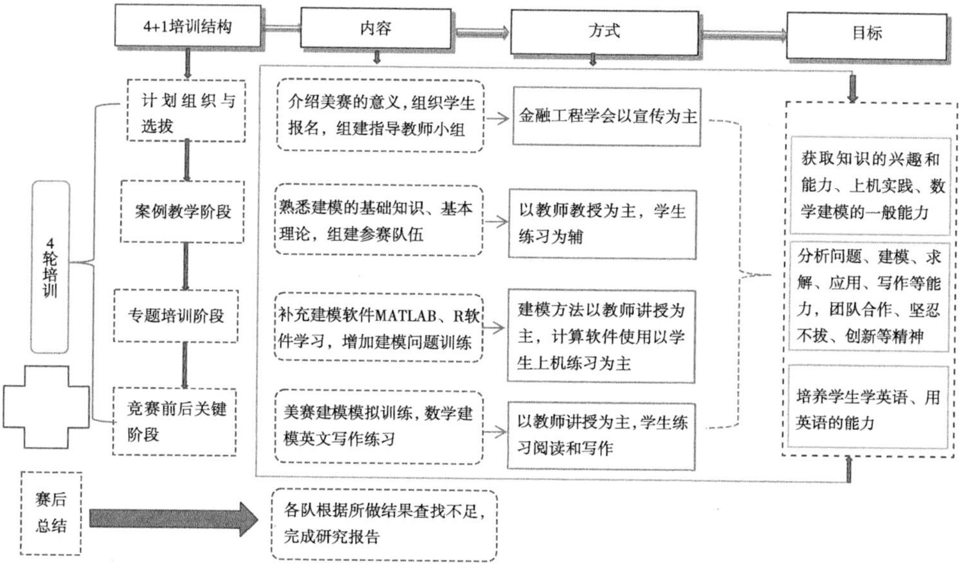

图 1 "4+1"五位一体的培训模式

(一)计划组织与选拔阶段

美国大学生数学与交叉学科建模竞赛(MCM/ICM)每年 2 月份举办,通常在竞赛前的 5 个月,即每年 9 月我们开始着手准备。首先,成立专题领导小组管理建模组织培训工作,与统计学院及教务处协商参赛规模,组织宣讲等事宜。其次,安排数学讲座和设置选修课,向学生简单介绍数学建模,组织报名。再次,抽调骨干教师组成数学建模指导教师组,针对实际情况研究制订周密的组织培训计划。在这个过程中,不断地征求学生和指导教师意见,统筹兼顾,在初始阶段针对历次经验做出新的改进。

(二)第一培训阶段(专题培训阶段)

第一培训阶段(每年 10—11 月),使队员们明确数学建模的基本步骤,掌握数学建模的基本方法,熟悉数学建模的基本理论,学会使用数学建模的基本工具,开展相应应用软件的入门讲座,并根据数学建模的发展趋势,拓宽队员们的知识面。在这一阶段,由于各个队员的专业不同,所学基础课程不同,对数学知识的掌握程度有差异,需从两个方面着手:①激发队员积极学习数学知识的热情。在培训中营造问题环境,提高他们主动学习的积极性。实践表明,现在的学员相对于被动填鸭式学习,对主动解决问题更有兴趣和动力。②增强队员之间的沟通交流,发挥互帮互助的精神。在第一阶段就分好小组,便于各组组员相互磨合,形成默契,这有助于组员之间的互帮互助互学。在这个阶段,要配足辅导教师及时解决学生的疑问;教学要求保持足够弹性,使培训成员有整体认识,能够解决最基本的问题;合理安排学生时间,张弛有度。

(三)第二培训阶段(案例教学阶段)

第二培训阶段(每年 12 月—次年 1 月),主要进行数学建模案例的学习、数模论文的撰写以及应用软件的实践练习,同时强化计算机应用能力,使每名队员都能熟练地将数学、计算机有机地结合起来。在本阶段,数模指导小组的指导作用十分重要,这个时期要使队员明确解题方法、步骤,引导队员用科学的思维方式去思考。

(四)竞赛前后关键阶段

为了营造竞赛气氛,比赛前 20 天左右,开始对参赛队员进行实战训练,要求每个组团结协作,密切配合,认真分析以往比赛的竞赛规则和要求。由于竞赛结果是论文式的,所以文章的写作能力将直接影响竞赛的成绩。利用赛前的几天时间组织进行获奖论文分析,找差距,取长补短,提高队员的创新精神和实践能力。数学建模的题目大都比较抽象,研究的问题具有较强的专业性,能够利用的资源有限,因此,搜索最有价值的信息、完成竞赛论文是成功的必要条件之一。在这个时候,需充分发挥辅导老师的掌控经验:正式比赛开始前,准备参赛教室、调试场地设备、准备耗材;竞赛时,保证参赛学生能够在最好的环境中参加竞赛;竞赛结束后,收集各组论文,按时组织提交。

(五)赛后总结阶段

赛后研讨总结:首先,由指导教师依据学生论文的具体情况进行整体讲解,对赛题中的主要问题进行细致分析,帮助同学深入理解问题。其次,由各队根据参赛情况作出总结,找出在参赛过程中遇到的主要问题。最后,找出整个备赛过程中的不足,为下次参赛提高组织培训工作的质量和效率积累宝贵经验。

三、首都经济贸易大学金融学院美赛成果

(一)参赛队伍规模逐年增长

通过多年努力,现在的学生越来越认识到运用数学建模能力解决实际问题的重要性,对大学生数学建模竞赛的热情逐渐升温,参赛队伍也从最初的几队发展到几十队。2014 年,金融学院参加美国大学生数学建模竞赛的队伍达到 27 支,参赛人数为 81 人。这表明竞赛具有良好的声誉,在高等院校和社会上的影响越来越大,对学生的吸引力越来越强,详细数据见图 2 和图 3。

(二)获奖人数逐年增加

我院于 2009 年开始组织学生参加全国大学生数学建模竞赛和美国大学生数学建模竞赛,当年有两支参赛队伍荣获全国大学生数学建模竞赛北京赛区一等奖,一支参赛队伍获得全国大学生数学建模竞赛二等奖。2010 年有一支参赛队伍获得全国大学生数学建模竞赛北京地区一等奖。2011 年有两支队伍获奖,分别获得美国大学生数学建模竞赛一等奖和全国大学生数学建模竞赛北京赛区一等奖。2012 年全院有 17 支队伍参加全国大学生数学建模竞赛,获得全国二等奖 1 项,北京市一等奖 3 项,北京市二等奖 1 项。在 2013 年的美国大学生

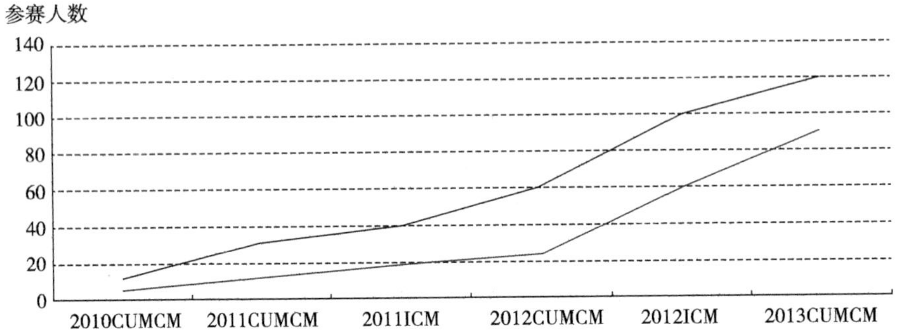

图 2 2010—2013 年首都经济贸易大学金融学院全国大学生数学建模竞赛参赛情况

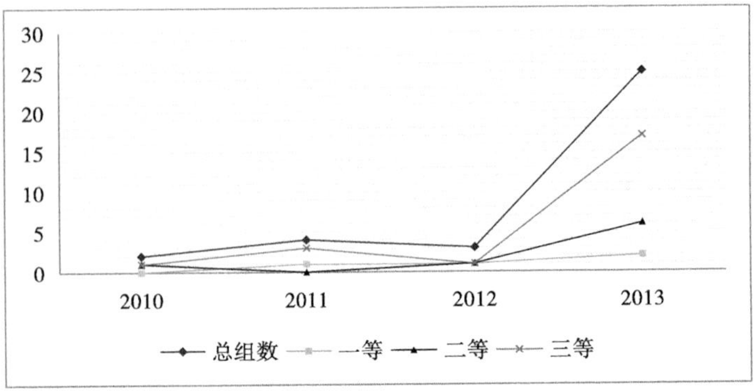

图 3 2010—2013 年首都经济贸易大学金融学院美国大学生数学建模竞赛参赛情况

数学建模竞赛中,荣获 2 项一等奖(Meritorious Winner)和 5 项二等奖(Honorable Mention)。2014 年我院有 27 支队伍参加美国大学生数学建模竞赛,5 支队伍获得二等奖,其余 22 组全部获得成功参赛奖。2015 年,全院参赛队伍数创下新高,共有 39 支队伍 117 名同学参加比赛,其中大一、大二学生占到总参赛人数的 70%以上,反映出同学们对美赛的热情。117 名参赛学生全部获奖,共获得 7 项二等奖(Honorable Mention),32 项三等奖。2016 年,我院有 29 组成功参赛,其中有 11 个小组获得二等奖,18 个小组获得 Successful Participant 奖项。

四、美国大学生数学建模比赛的思考与启示

金融学院按照“面向国际、育人为本、突破创新”的思路,瞄准国际数学建模

竞赛获奖标准，通过辅导教师团队建设、数学建模课程建设、数学建模实验室建设等，建设高水平数学建模平台，培养学生利用数学知识在各自专业中进行定量建模的能力，打造具有前沿金融学科知识结构、数学应用思维和团队精神的高端数学金融人才。我们初步形成了一套完整的数学建模培训模式，并在历年大学生数学建模竞赛中取得了优异的成绩。但这与创建“国内一流，国际知名”的财经类名校仍然具有一定差距。针对数学建模自身的特点、知识要求及发展特点，我们认为建模培训工作除了开设相关课程、集中培训、专题训练实战这三个方面之外，还应注意以下几个问题。

（一）在教学中渗透数学建模思想，培养学生的创新思维

将数学建模引入高等数学的课堂教学，将从根本上改变教师讲、学生被动学的教学方式；同时，有利于激发学生学习的积极性，有助于消除学生学习数学时的枯燥感，让他们体会数学与数学建模的区别所在，了解数学建模的意义在于将数学理论与实际应用有机结合起来。有了实际应用，数学模型不再是单纯枯燥的理论，新颖、有趣、奇妙的数学建模问题能增强学生的学习兴趣。

（二）开设“数学建模”公选课，让更多学生参与建模

在全校开设数学建模课程，使得学生能够针对各种不同的问题背景，实现实际问题的数学量化和描述（数学模型的建立）的转化。当然，由于公选课的授课对象大多是非数学专业的学生，因而所选的数学模型要贴近生活，描述与生活实际密切相关的模型。此外，必须在数学建模的教学环节中增加一定的实践环节，让学生有机会进行实际操作，培养他们自己动手解决实际问题的能力，力求让更多的学生参与到数学建模活动中来。

（三）注重数学建模的宣传，充分调动学生的积极性

学校应该定期举办“数学知识应用竞赛”，将数学建模与专业课学习联系起来，以此促进数学建模教学的发展，使之更好地为专业课服务。此外，还可以在教育教学刊物上开辟“数学建模栏目”，征集优秀的数学建模活动方案，为广大师生开展数学建模活动提供展示成果的空间，同时也为开展数学建模活动提供可借鉴和参考的范例。

（四）组织数学建模报告会，加强学术交流

由有经验的指导教师选择适宜的内容，在全院作数学建模报告。选择报告内容的一般原则是：不需要太深奥的数学知识，同时又是一些社会热点问题或学生关心的问题，使他们都有兴趣参与报告会的探讨。教师应积极采取各种手段、通过各种渠道鼓励各系学生参加数学建模活动。例如：学院可以成立数学建模协会，通过加大对协会的组织、引导力度，定期或不定期地举办学术讲座和建模竞赛讲座，加强交流。也可以开展一些模拟竞赛，使学生通过竞赛加深对数学建模的认识与了解，从而增加参与建模活动的兴趣。模拟竞赛还可作为数学建模竞赛选拔队员的一个重要基础。

（五）合理安排任课老师，提倡模块教学

俗话说"术业有专攻"，教师也并非是门门皆通、样样皆精的全才。数学建模相关课程应集教师学之所长，由每位教师负责某一个模块的教学。这样做的益处是：①由于每位教师在各自的研究领域均有一定的造诣，讲授其擅长的内容会比较生动，也易于学生理解和掌握；②经常更换教师，学生对课堂学习就有新鲜感，能活跃课堂气氛，学生学习的积极性也能得到极大的提高；③由几位教师共同担负授课任务可以大大减轻教师的压力，每位授课教师只需专心致力于研究自己熟悉的领域，不必花太多时间涉足不熟悉的领域。这样有利于提高教师在自身研究领域的科研能力，从而使其更好地为教学服务。数学实验课应由专门教师担任，该课程的主要任务是教会学生如何利用软件解决数学问题。此外，任课老师还应选讲一些数学模型的优秀案例，特别是选取一些历年来的优秀竞赛论文进行讲解，以使学生熟悉建模过程，学会利用建模知识与建模方法解决实际问题。

（六）利用学生社团带动数学建模活动的日常开展

我院为更好地开展数学建模竞赛这一学生课外学术活动，进行了新的尝试和探讨。我院目前有三个社团组织，即股市沙龙、保险学会以及金融工程协会。其中，金融工程协会中的许多骨干成员都参加过数学建模，对数学建模活动有热情，干劲十足。今后，数学建模活动可以依托金融工程协会继续深入开展，如举办"关于数学建模"的讲座，使广大学生初步了解数学建模；举行"数学建模经验交流会”，邀请经验丰富的指导老师和参加过数学建模竞赛的学生为准备参赛的学生谈建模心得体会，进行现场答疑。在校园里营造良好的文化氛围，宣传数学建模知识：①可以定期出版“社团简报”下发到各系各班，介绍建模知识及建模培训最新动态；②制作宣传板、海报，把参赛的心得体会和照片制作成展板，随时随地向全校学生宣传数学建模活动；③每次活动前后在校园网上刊出相关的新闻稿件，向同学们展示实时动态；④社团骨干经常深入班级、宿舍进行动员、宣传。这一系列举措都将潜移默化地使学生认识数学建模、了解数学建模，对数学建模不再陌生，并使更多的学生产生参加竞赛、大展拳脚的想法。

参考文献：

[1]叶其孝．美国大学生数学模型竞赛及一些想法[J].高校应用数学学报，1989(1)：137-146.

[2]叶其孝．挑战和机遇：美国大学生数学建模竞赛十一年有感[J].数学的实践与认识，1996(1)：90-95.

[3]李波．中外数学建模竞赛比较分析[D].北京：首都师范大学，2001.

[4]周远清，姜启源．数学建模竞赛实现了什么[N].光明日报，2006-01-11(7).

[5]李大潜．中国大学生数学建模竞赛[M].北京：高等教育出版社，2001.

[6]王志强，程红．培养建模意识激发创新思维[J].现代教育科学：高教研究，2006(2)：9，84.

[7]姜启源，谢金星，叶俊．数学模型[M].3版．北京：高等教育出版社，2002.

[8]魏连秋，张义红．数学建模竞赛对大学生综合素质的影响[J].河北师范大学学报，2009，11(8)：77-80.

[9]崔春红，刘亚．数学建模思想与高等数学课堂教学的融合[J].科技信息，2009(21)：9-14.

高等教育国际化背景下的全英教学现状分析①

张若希

联合国教科文组织的国际大学联合会把高等教育国际化定义为："把跨国界和跨文化的观念和氛围与大学的教学工作、科研工作和社会服务等主要功能相结合的过程。"改革开放之初，邓小平同志为我国现代教育发展做出了明确的指示，提出了教育的"三个面向"，即"面向现代化、面向世界、面向未来"。教育"面向世界"就要求开放办学，既要学习世界各国高等教育的先进经验，又要把我国的教育理念推向世界，使中国的高等教育水平提升到国际先进水平。我国2010—2020年《国家中长期教育改革和发展规划纲要》要求建设国际知名、有特色高水平的高等学校，达到或接近世界一流大学水平，增强高等教育的国际竞争力。高等教育的国际化无疑是实现这一目标的重要举措。因此，本科教育国际化研究不但具有时代意义，更是促进高等教育发展的有力手段。

一、高等教育国际化的含义

自20世纪90年代以来，北美、西欧以及日本等率先起步，形成了一股世界性的高等教育国际化潮流。教育国际化包括超越国家界限的各种教育活动，如参与国际教育交流推广本国语言文化、提升本国教育的国际地位等。高等教育国际化非常重要的一个环节就是国际化人才的培养。国际化人才培养，就是要营造一种开放合作、让学生能够参与国际竞争与文化融合的大学文化氛围和人才成长环境[1]。

我国的经济与社会发展在客观上需要优质的外语教育，因此高等教育必须加强外语教学。非外语专业的人才只要具备了一定的外语基础，也可以成为具

① 本文受到首都经济贸易大学教育教学改革立项项目"高校全英教学课程设计与授课效果研究"、首都经济贸易大学校级高等教育研究项目"本科导师制下大学生科研创新能力培养研究"的资助。

备外语能力的国际化人才[2]。

要想打造国际化人才,关键在于教育模式的改革。当前我国人才、产业、经济、教育四个环节之间出现了严重的断裂,弥补的关键在于国际化的教育[3]。国际化的教育首先对教师提出高要求,教师自身多元化的阅历与丰富的国际化教育背景有利于为学生提供全方位、多角度的知识架构和学习氛围;在课程设置阶段,要给予学生广阔的平台和走出去的机会,拓宽其视野;要实现考核标准的多元化,不能以卷面成绩作为评价学生的唯一标准。只有注意到这几点,高等教育才能更好地与国际接轨。

二、外语教学与教育国际化

外语教学是教育国际化中的重要环节。教育部早在2001年就明确提出要在高校积极推动使用外语进行专业课教学,还特别强调"为适应我国入世后需要的金融、法律等专业,更要先行一步"。尽管"一带一路"沿线大多数国家的母语不是英语,但我国在进一步深化开放时主要面临的是与发达国家的竞争。另外,科研领域的通行语言仍是英语,因此英语这门语言的技能仍然是国际化人才必备的基础技能。全英教学是一种浸入式教学,它不是授英语课,而是在非语言类学科中用英语进行教学,通过非语言类学科知识的学习来习得外语[4]。全英教学绝不仅是指学生听老师用英语上课,更强调师生用英语进行交流和互动,以及学生用英语完成作业和考试。全英教学的目的是使非英语母语的学生在较短时间内学习和掌握其他学科知识的同时掌握英语[5]。

我国进行浸入式教学时间不长,收效尚不明显,相关研究也不系统。但在一些发达国家,尤其是多官方语言国家,在浸入式教学的开展上有丰富的经验。国内很多高校已在金融专业课程实施全英教学,甚至设立全英教学实验班。实施全英教学,将经典或最新的专业教材内容教授给学生,可使学生更直接掌握基本原理,把握最新理论进展,尽可能缩小我国与发达国家在金融学科建设上的差距;此外,全英教学可让学生在掌握知识的同时,使学生的英语应用能力显著提高,使学生能熟练运用英语理解并运用金融领域的专业知识和专业技能去处理金融事务[6]。

三、我国高校开展全英教学的现状

我国高校开展全英教学的模式有多种,实力较强的高校和相关院系聘请了较多数量的外籍专家和在海外获得学位的专业教师,他们在自己的研究领域直接用自己熟悉的语言(通常是英语)进行授课。这些高校中,外语系/学院无须参与全英教学专业课程,但是为了让学生适应全英课程的学习,会配合各个院系的专业教学。这主要有两种形式:①开设大口径学术英语课程。例如,复旦大学根据学校的特点和学生的需求,开设了五大类学术英语课程。②根据各个院系的要求,为学生量体裁衣。例如,北京交通大学的部分院系可不修"大学英语"而学习专门开设的其他英语课程。

很多高校的外语教师分别在不同学科获得学位,为其从事跨学科教学提供了优越的条件,北京大学、武汉大学等都有获得跨学科博士学位的教师。目前越来越多的高校都鼓励外语教师选修其他专业的学位,但是所修专业以人文类居多,如法律等。

有些高校的全英教学课程采取多师合作教学的模式,弥补了各自为战的语言教学和学科认知脱节的缺憾。例如,温州大学在尝试学术英语教学时采用专题教学,学生在专业教师的指导下进行任务型学习,他们进行的相关调研、数据分析和成果展示都和专业相关,在每一项任务的总结阶段,学生必须用英语进行总结性陈述,这就要求学生具有使用英语进行专业分析的能力。

很多高校虽然没有能力聘请大量的外教,但是与外教合作却可以多层面、多模态开展:①比较直接的方式是让外教为全校学生授课、做讲座,同时周边高校还可以共享外教资源;②外教不局限于开设口语课,他们直接服务于一些高校的全英语学位课程,同时鼓励本国教师随班全程听课,争取通过观摩外教的专业课程,自己开设类似课程;③有些高校专门聘请外教来为中国教师培训。例如,苏州大学在写作教学模式的改革中,聘请专家对教师进行系统性培训,并引入"网改作文";中山大学每年开设 14 门全英课程,每年 7 月聘请英国高校教师来华直接授课,授课对象是本校开设相应课程的教师团队及其部分学生。每次授课都全程录像,开学后这些录像将配合教师的上课进程展示给学生。还有的是让外教直接进行远程授课。例如,杭州师范大学与美国印第安纳州立大学合作,由后者进行远程授课。

四、高校全英教学典型案例分析

宁波诺丁汉大学"专业导向"英语教学模式可以说是国内成功的全英语教学模式典范之一。中国学生入学时英语基础与其他高校差不多,短短一年内英语能力均获得突破性的提高,第二年能用英语攻读英国大学课程。束定芳、陈素燕[7]对宁波诺丁汉大学第一学年英语教学情况进行了跟踪调查,对其成功的教学模式进行了分析,发现其中最重要的一点是课程设计的特色:所有课程都以"学术"为导向,整个教学过程和所有教学活动都由此展开。同时,宁波诺丁汉大学教材选用合理,课堂教学有效。

袁笃平、俞理明[8]介绍了上海交通大学的双语教学建设专项及其运作过程。学校以循序渐进的方式设置课程及制定授课要求,例如,第一轮英语含量达到30%,第二轮达到50%;选用教材时不是单纯引进原版图书,而是有选择地进行整合或改编。项目研究组还设计了教师、学生、教学环境和课程的评估,从多角度、多侧面分析评议双语教学的效果。上海交通大学"深入开展多模式国际合作办学,培养具有国际竞争力的优秀人才"项目获得国家教学成果奖一等奖。以该校与美国密歇根大学共同建设的上海交大密歇根学院为例,该院有两部分教师,拥有终身教职者大部分毕业于欧洲名校,英语授课能力较强;非终身教职者是教学的主力,不做科研,主要任务就是上好全英课程。课程设置方面,大一开设了部分双语课程,如数学和化学,同样的一门课都设两个班,学生可以自由选择全英语班或双语班,从第二个学期开始基本上全部是全英课程。很多全英课程都安排了双教师制度,一位教师负责讲内容,另一位教师负责讲英语。

广东外语外贸大学从2002年开始在部分专业开设全英或双语课程,仲伟合等[9]介绍了该校的双语教学改革实践:该校国际商务管理、国际经济与贸易、金融学、市场营销专业在新生考试中经遴选各招收一个全英/双语教学班。2003年该校制定了《广东外语外贸大学关于开展全英/双语教学班试点工作的规定(试行)》,明确和规范全英/双语教学班教学行为。每年面向全校一年级新生招生,新生入学后的第一、二周根据学生报名情况进行考试遴选,择优录取,被录取的学生重新注册。从2006年开始,全英/双语教学班改为各学院按核定的招生计划直接招生,或在本院录取的本科新生中选拔。至2010年,该校开设全英/双语教学班的专业已达六个。国际商务专业已经实现了所有专业课程全部使用英语授课,其他专业根据具体情况采用了外文教材。

我国台湾成功大学在全校以团队形式开设了一些全英课程。团队成员包括多个学院的教师及公司负责人,他们会先针对学生做需求分析,然后确定教学主题、教材或教材库。

五、总结

金融学教育是一个老话题,但同时也是一个将长期讨论下去的议题。“国际化”已成为金融学教育的新潮流。如果说金融学教育也存在一个市场的话,那么金融人才的供给与需求也存在着市场的波动。随着全球化的发展,适应当代经济建设和全球化发展需要的国际化研究型人才是金融市场需要的人才,同时也是本科教育的目标。要实现高等教育的“国际化”,需要认清处境、准确定位、整合资源、努力进取,这样才能使金融学本科教育在全球化趋势下立于不败之地。

参考文献:

[1]曹德明. 高等外语院校国际化外语人才培养的若干思考[J].外语教学理论与实践, 2011(3): 1-5.

[2]王雪梅, 徐璐. 国际化复语型人才的内涵与培养模式探索[J].外语与外语教学, 2011(1): 9-12.

[3]罗旭, 孙婧. 如何培养国际化人才[N].光明日报, 2013-05-22.

[4]万爱莲. 大学生对全英语教学的适应性研究[D].武汉: 华中科技大学, 2007.

[5]许一帆. 金融国际化背景下高校金融人才培养模式探索[J].教育理论与实践, 2013, 33(27): 15-17.

[6]吴晓灵. 大国金融博弈需要多层次金融人才[J].中国金融, 2011(16): 10-11.

[7]束定芳, 陈素燕. 宁波诺丁汉大学英语教学的成功经验对我国大学英

语教学改革的启发[J].外语界，2009(6)：23-29.

[8]袁笃平，俞理明．高校双语教学的理念和策略研究[J].中国外语，2005(1)：88-96.

[9]仲伟合．拔尖创新型国际化人才培养模式的探索与实践[J].广东外语外贸大学学报，2013，24(1)：98-101.

金融科技背景下衍生金融工具实践教学探讨[①]

杨　阳

摘　要：人工智能等前沿技术应用于金融领域，为金融行业的发展打开了新天地。金融科技带来的改变是革命性的，未来谁拥有更好的技术实力，无疑会大大提高竞争力。模拟实验教学的特点表现在教师、学生、实验内容的三位一体上。在衍生金融工具的教学过程中，可以通过教师设计实验、学生参与模拟实验的方式来对衍生品定价、无风险套利、期货对冲、期权交易策略等进行分析，加深学生对理论的理解，建立教与学良好的互动关系，这对提高教学质量有着积极的意义。笔者结合自身实践教学的体验，从提升教师实验能力和学生主动学习意识，以及模拟实验教学内容设计等方面为优化衍生金融工具模拟实验教学提出了几点建议。

关键词：衍生金融工具，模拟实验教学，金融科技

一、衍生金融工具课程中实践教学的重要性

金融学是研究金融学中的现象和本质的规律性学科，而金融工程则是借助于计算机手段、金融模型来解决金融问题的，综合性、实践性更强。金融工程学科综合采用各种自然科学和工程技术的方法（信息处理和人工智能等方面的技术方法），创造各种有价值的产品和服务，以及为设计、开发和实施这些产品和服务所需要的技术方法。近年来，随着中国金融市场的稳健发展和对外开放，人工智能等前沿技术开始应用于金融领域，为金融行业的发展打开了新天地。我国金融创新发展的环境得到进一步优化，股指期货、国债期货、ETF 期权、利率互换等创新衍生工具陆续推出，为投资者提供了丰富的避险和套利工具。与

---

① 本文系 2019 年首都经济贸易大学校级教改项目“互联网背景下金融学教学的国际化接轨机制与实现路径研究”的阶段性研究成果。

此同时,熟练运用衍生金融工具方面的人才队伍还相对缺乏,影响了机构投资者金融创新发展的步伐。目前国内开设衍生金融工具课程的学校比较多,且各有特色,但随着应用实践型金融人才需求量的增加,传统的衍生金融工具课程教学因缺乏实践环节、可操作性不强而显现出了一定的弊端和不足。近年来兴起的模拟实验教学法为教学创新和改革提供了新的模式和手段。

模拟实验教学法借助于先进的多媒体技术来辅助教学,教师提出问题,设计程序或模拟软件,学生从客体转换为主体,参与到教学活动中,自己主动思考问题、分析问题和解决问题,而不是像以往那样被动地听、记,这自然就提高了教学效果。这种教学方法生动、直观,能够调动学生学习的积极性。采用多媒体教学与模拟操作可克服传统"填鸭式"教学方法的弊端,近年来逐渐受到教学界的青睐。笔者在多年从事衍生金融工具教学过程中,尝试运用模拟实验教学方法,如通过进入虚拟的期货和期权市场,让学生从事相关模拟交易,学生通过与交易所同步模拟交易,能够把理论与实践紧密结合起来,掌握市场信息,熟悉市场环境,提高学生的投资判断能力。

二、衍生金融工具教学中"实验教学"的特点

对衍生金融工具中的远期、期货、互换和期权的定价、套利和风险管理的理解,需要学生具备感性的立体认识和投资意识。单纯的讲解很难使学生在短期内掌握这些知识点,应用就更加困难,而信息技术的发展使模拟教学的方式成为现实。

参与式模拟实验教学,就是激励学生参与、体验教学环节,培养学生实际操作能力,弥补课堂理论学习的不足,通过模拟体验与专题研讨、案例分析,达到培养学生创新思维和提高应用操作技能的目的。

(一) 模拟实验教学要求提高教师全方位素养和实践水平

要提高教师的实践操作能力,一方面可让教师到券商、基金等金融机构实践,进行产学研合作;另一方面可与金融机构合作,尝试与金融机构共同组成"人才基地培训中心",把以课堂教授知识为主的金融衍生品教育与以直接获取实际操作经验、实践能力为主的科研实践有机地结合起来,或由专业人员到学校开设讲座弥补教师缺乏实践经验的不足。更重要的是,教师备课时要准备模

拟实验的教学材料,设计实验情景,构建适合教学需要的模拟教学氛围和环境,使学生所学习的理论知识与实践操作能够结合起来。

(二)模拟实验教学需要学生学习自觉意识的提高

在模拟实验教学中,教师是设计者,主要任务是引导学生的实践行为并进行指导;而学生是实验课堂的主体,从被动听讲的记忆者转化成主动探索的学习者,模拟实验教学法要求学生从每次实验中总结心得经验、分析存在问题,完成每个实验环节的教学任务,学生的学习任务显然比传统的满堂灌教学方式下更重了。例如,在准模拟期货套利策略时,学生需要关注资金量和盈亏的动态变化,但由于使用的是虚拟资金,可能难以评价盈亏对投资者心理的影响,这就要激励学生对实验教学的积极性和潜在意识。同时,教师也需要合理设计实验教学方案,使大部分学生能完成任务,实验课后要完成实验报告,追踪投资历史记录。教师通过点评、检查等方法对学生实验过程监督,也可激发学生对实验教学的积极性和兴趣,如对表现好的学生在综合考评中适当给予加分,将有利于实验课效果的发挥。

(三)设计科学的适合学生的模拟实验教学内容是实验教学能否成功的关键

传统的模拟实验主体相对单一,主要是衍生品定价及标的资产价格预测等,而对远期、期货、互换和期权的套利、套保、产品设计、风险管理的实验设计比较少,学生缺乏独立对衍生品设计的操作技巧与专业分析能力。因此,根据教学进度和理论知识的结构,将实验过程的环节细化,多方位培养学生的实践操作能力,可从以下几个方面进行模拟实验教学:①套利交易模拟实验。通过讲解无风险套利原理,让学生模拟套利交易操作整个环节和步骤,使学生了解证券交易的基本操作流程和套利的关键环节,掌握交易过程中所产生的成本和现金流情况,可以股指期货、国债期货、50ETF 期权为标的设计套利模拟交易过程。②套期保值模拟交易实验。以股票、债券为例,建立现货市场和期货市场的连接,设计套保交易过程,让学生了解如何计算套保比率和所需套保的合约份数,以及合约及合约头寸方向的选择。③设计创新产品与解决方案的实验。不同基础性证券(如股票、债券、基金等)和衍生证券可以构造和组合多种金融产品，让学生根据资金量的大小，设计相应投资组合并进行配置，提高学生证券组合管理和风险控制能力。

模拟实验教学法与传统教学法不同。传统的教学是单向灌输式的教学，以老师讲为主，学生听、记得多，但课堂参与机会少，学生缺乏实践环节和学习模拟机会，教学工具有限，这种教学模式忽视了理论应用于实践的重要性。而模拟实验教学法注重实践应用，教学理念是“学以致用，以用促学，以用带学”，将学生置于模拟仿真的实际环境中，让学生在学中做、在做中学，教、学、做并用，以体验实际的工作环境。模拟实验教学兼顾了实践学习与亲验性学习的优点，让学生在亲自体验中将金融工程知识与实际操作结合起来，进而培养学生的实践能力以及职业素养。同时，模拟实验教学法的目的是培养学生适应未来市场需要，模拟教学中既要理论与实务并重，同时也需要持续更新模拟对象与内容，设计出符合实际的模拟教学环节。

（四）鼓励学生参加各类学科竞赛也是实践教学环节必不可少的一个环节

专业的学科竞赛有大学生金融投资模拟交易大赛、衍生品知识竞赛等。金融专业的学科竞赛是金融专业知识教育与实战交易操作相结合的平台，能促进学生更加深入地了解市场投资风险，努力做到理论与实践相结合。综合性的学科竞赛也能够使各专业学生在竞赛中发挥自己的专业特长，并增强合作能力。应鼓励金融工程专业的学生参加这类竞赛，让他们尝试运用金融工程的思想和方法解决组织遇到的问题。除此之外，学校也可以根据学生的实际情况，开展校内的学科竞赛，建立合适的竞赛平台，让学生发挥专业优势，在比赛中取得好的成绩，得到实践锻炼。

三、结论

衍生金融工具课程作为一门实践性较强的课程，应以培养学生的应用能力为目标，提高学生的实践操作能力。模拟实验教学法集学生参与、问题分析、老师评估于一体，实现教与学的有机结合，对增强学生的感性认识、提升学生综合素质、形成教与学的良性互动、提高教学质量有着积极的意义。本文探讨了衍生金融工具课程实验教学模式的特点，结合笔者自身的教学实践，从提升教师实验能力和学生主动学习意识,以及模拟实验教学内容设计等方面为优化衍生金融工具模拟实验教学提出了建议。

参考文献:

[1]邓可斌. 任务驱动法与讲授法在金融教学中的运用探析[J].金融教学与研究,2010(6).

[2]洪铁松,奚欢. 本科生金融工程实验教学内容框架设计探讨[J].高教学刊,2015(21).

[3]李伟军. 金融工程专业培养与教学模块研究[J].经济研究导刊, 2011(22).

科研导向的金融专业本科教学模式研究

施慧洪

摘　要:建立创新型国家需要在本科生教学中引进创新激励机制。科研导向的金融专业本科教学模式研究主要包括可行性、参与者资源约束条件、激励机制设计、效果评估等方面,以期为社会提供优良的科研产品,同时促进大学生科研意识和能力的提高。本文认为,适当的研究任务要与适当的本科生对象匹配,还要与适当的时间、激励,以及导师科学的顶层设计与勤勉的督促等巧妙结合。课程性质及教师科研导向的任务设计是成功的关键因素。

关键词:科研导向,教学模式,本科生,资源约束,激励

大学生科研创新、本科生配导师、开设精英班等提高本科生科研能力的举措目前在国内高校已经屡见不鲜,但如何在课堂教学中引入科研导向的教学设计却是新问题。这涉及老师的科研指导能力、学生的学习能力与精力等方面的因素。

一、科研导向型教学的必要性与可行性分析

由于金融专业教学课程与内容的更新迅速,新的知识传播产生了新的教材需求。

(一)科研导向型教学的必要性分析

科研导向型教学所花费的教学时间大大超过一般的课堂教学模式。教师必须具体分配每一个作业的内容、方法、时间进度,并控制质量。如果不能形成一定的科研成果,这种机会成本是教师难以承担的,也是不可持续的。

1.一些课程需要学生完成初级科研任务。金融专业的传统教材偏重宏观和计划经济,而国外以金融市场为核心的专业教材则偏向于微观(如市场结构和定价),二者的内容和方法截然不同。这就需要将国外教材本地化,以便更好地

完成教学任务。

2.基于教材写作等普及型科研任务的需要。现有的科研激励机制相对重视高质量的论文,而对著作、教材等的重视程度相对较弱。一方面,判断教材和著作是否优秀缺少相应的客观尺度;另一方面,高级别论文的学术性更强。作者在优秀著作上所花的精力并不比优秀的论文少,但成果认定上却有天壤之别。在这种情况下,可以把学生吸收进教材写作中来,在课堂教学中纳入可行的科研任务,指导学生完成初级科研作品,提高著作的生产效率,降低教材写作成本。

3.社会对普及金融知识产品有需求。随着"信托与租赁""互联网金融"等课程的开设,海量的新知识不断涌现,而许多快餐型的书或者培训往往内容比较肤浅。所以,专业出版社经常会主动找老师编写教材鼓励教师出版译著乃至专著,受过专业训练的高校教师无疑可以提高出版物的质量。例如,"互联网金融"是北京市教委的指定课程,由中央财经大学与首都经济贸易大学联合设置。而区块链金融的实践刚刚起步,课堂教学总是滞后于实践,该门课程更是缺教材。

4. 硕士难以协助导师完成系统性的科研任务,优秀本科生则可以。优秀本科生的科研能力通常要好于硕士。专硕学生由于需要开展大量实习,就业、学习压力也大,基本不太可能帮助老师完成系统性的科研任务;而学硕学生的科研能力同样有限。加之不少硕士生的本科专业为非金融专业,三年时间尚需补充金融专业知识。只有本硕博连读或者脱产的博士才有可能认真地进行系统性的科研,因为他们要拿博士学位,必须完成一定难度的科研任务。

(二)科研导向型教学的可行性分析

我们与本科生一起,利用课堂教学的平台,完成了《房地产信托投资基金入门》一书的编译和出版,以及《互联网+案例分析》一书的出版工作。

1.金融专业优秀本科生的科研生产潜力可以挖掘。科研导向型教学是科研与教学的有机结合。以科学规划的科研任务作为学生的作业内容,可以激发学生主动学习的欲望;以课堂考核督促学生认真完成任务,可以激发学生的自尊,从而保证初级科研成果的质量。高校教师应指导并充分利用优秀金融本科生丰富的人力资本,创新通用型、普及型科研产品的供给方式。

2.将普及型的科研任务工程化,大班学生也能够完成精心设计的科研任务。科研任务工程化,是指进行顶层设计,科学分解任务,使特定的本科生胜任具体的科研任务。这里拿软件工程来打个比方:系统设计人员(老师)完成顶层设计,然后将傻瓜化的代码编写任务交给程序员(本科生),通过模块化的封装与测试(老师质量控制),保证软件质量并提高软件生产力。

这样一来,80 人以上的金融大班就有了明显的科研规模优势:①人数多,优秀的学生相应也多。快速变动的专业实践提供了丰富的素材,大多没有人来得及加工,这时本科班的人海战术就有明显优势了。通过归纳等方法总结的知识既具有先进性,又让学生能普遍接受和认可。②优秀学生之间的竞争能够调动学生的科研积极性。

并不是所有的任务都适合本科生,毕竟本科生可支配的时间有限,专业能力也有限,而且只有极少数学生具有先进的数学模型运用能力,所以我们选择的科研任务都是偏文字的。

二、科研导向型教学的主要困难

(一)学生科研能力有限与优秀科研成果需要较高科研能力的矛盾

1.大学生的科研能力有限,科研兴趣不明确,与老师主动沟通少。少数学生有专业兴趣,更多的学生只是要完成专业学习任务,拿到文凭,专业意识与主动性都较弱,主动与老师沟通的学生也是少数。大学生的科研能力有限,如查阅专业资料和数据、对材料去粗取精、外文专业阅读与翻译、修改论文等的能力都是有限的。

客观现实决定了科研导向的教学中教师的工作特点:①教师必须主动与学生沟通,激励并督促学生,否则效果将十分有限;②教师必须进行科研任务的顶层设计,让学生的科研任务具体化、可操作化,如教师提供所有的材料,明确每位学生的工作内容,建立可跟踪考核的作业流程和指标等。

2.优秀的科研成果需要尊重规范,需要保持学科的前沿性。学生对于科研论文撰写规范大多是很陌生的,如参考文献如何标注,段落格式如何展开,摘要如何书写等,都不清楚。大二的学生需要老师有足够的耐心和运用科学的方法,大三学生的格式意识要稍微强一点。我们提供给学生的作业素材可以是最前沿的,方法却未必是前沿的。对于前沿知识不断变动的专业课来说,更容易实行科研导向型教学。

(二)学生课程较多与科研导向型教学花费学生较多时间的矛盾

大二学生的课程最多,一周有十几门课。大三学生的课程则少一些。实行科研导向型教学,学生必然花费更多的时间做作业,老师也需要花费更多的时间设计、布置和指导作业。这必然挤占学生其他课程的时间,必然挤占老师的科研时间。

1. 学生重视必修课要甚于选修课。西方名校的本科阶段,一年上好四门课程已经相当吃力,因为课程的深度较大,作业是海量的。而我国的本科生,一学期甚至有十几门课程,因此质量很难保证。学生从功利角度出发,对选修课难以投入较大精力,总是将必修课放在第一位。

2. 学生的时间稀缺。我校大约有 1/3 的学生出国,需要考雅思、托福、GRE 等;1/3 的学生考研,大二就开始着手准备;剩余的学生,考证的也不少,CPA、CFA,基金、证券、期货的从业资格等;另外还有学生忙于校内外兼职与实习。

3. 教师的时间稀缺。教师做科研,从阅读文献、查数据、模型分析,再到投稿,花费的时间不计其数。只有学生生产出的科研初级产品能够为老师所用,科研导向型教学机制才是科学的。否则,在科研压力下,老师是无法认真地引导学生做科研的。科研过程是复杂的,无论是论文的写作还是投稿,抑或是专著的出版,都是智力密集型的,消耗的不仅是时间,还有精力。

与此同时,如果学生投入的时间不够,可能难以完全消化前沿的专业材料,进而难以体验学习新知识的快乐。我们通过将科研任务工程化、傻瓜化,可以使本科生乐于做科研。方法的要旨是识别那些愿意做科研的学生,集中老师的精力与资源,热情地鼓励、帮助他们,使其从进步中获得快乐。

(三)学生功利思维与即期利益不匹配的矛盾

市场经济下,众人的目标越来越短期化、功利化。这本身既有缺点,也有优点。缺点是不注重长期投资,缺少韧劲,想走捷径,金钱崇拜等;优点是注重效率,激励明确。

学生出于功利思维，可能不太愿意在科研导向型课程中投入过多精力，遇到困难若没有获得及时指导，就会放弃，因为克服困难所耗费的时间、机会成本是较高的。这要求老师提高对学生疑难的响应速度，从而加大了老师的综合成本。得不偿失的机制是难以持续维持的。学生和老师都要有可见的收益，如心理愉悦、能力提高等。大多数学生不学习，不是不聪明，而是因为他们是理性人，理性地放弃该课程的学习。

学生需要利益，需要激励，需要老师的承诺，如：①物质鼓励和报酬。②较好的就业和出国前景。如信托行业、区块链行业的工资较高，有吸引力。有利于就读国外的研究生也是部分学生所重视的。③实习机会。如去基金公司、信托公司、区块链公司等单位实习。④荣誉。如老师或学校的鼓励和认可。⑤学分与成绩。无论出国、保研都需要较高的分数。

另外，当学生从作业的不断修改中体会自己的进步时，也会更加配合老师。

（四）课堂教学众口难调，学生分层较复杂

1.学生分层较复杂。科研导向型教学，只能激励85%的学生。科研导向型教学的难度，对于30%的学生来说可能有点大，如果处理不当，这些学生会产生抵触。如果学生整体上不够优秀，则科研导向型教学对他们来说会难以忍受。事实上，学生的素质是参差不齐的，班级的结构也是复杂的，班级成员之间的交流较为充分，学生能力处于同一个层次，这样的班级是最优的，也是有利于开展科研导向型教学的。

2.科研导向型专业教学要取得良好效果需要付出更多努力。课堂的时间有限，且授课形式是以教师为中心的，这决定了大课堂难以因材施教，只能以讲授为主，偶尔展开重要疑难问题的讨论。只有利用多媒体、计算机的多线程技术，才能解决一个老师同时面对多个水平不同的学生的问题。科研导向型教学必然花费老师更多的课外时间，比如采取微信、邮件、电话等多种指导和沟通方式。

（五）课程配套体系不完善，更需要激励学生学习的主动性

以区块链金融为例，金融专业的学生不太懂计算机，计算机专业的学生不太懂金融，这增加了学生学习的难度，因而科研导向型教学的难度较大。区块

链金融涉及区块链专利、技术等问题,一些问题往往计算机专业的学生都难以理解。

讲的东西应简单一些,趣味性大一些;读的东西可复杂一些。如果难度超出学生能力,学生是不愿意的。所以,通常应有一些备选科研素材,可以对那些感觉科研性作业难度太大的学生因材施教。

有美好的愿景与现实利益的激励,优秀学生研究性学习的热情是可以被激发的。我们在“信托与租赁”与“互联网金融”两门课程的教学中取得了一定的实效,学生整体评价也较好。

三、科研导向的金融专业本科教学的理论分析

对于科研导向型教学,需要教师、学生、学校管理方面做出一定的系统性的改变。

(一)传统课堂教育正受到越来越多的挑战,需要进行创新

1.传统的课堂教学危机是长期的,必须探索改革。教育应试化,学生死记硬背考高分,这些都将教育目标庸俗化了,学生业务能力的培养也被忽视了。准确地评价学生的实际专业能力,需要引进客观尺度。尽管学生出国、考研、考证等行为冲击了课堂,但不能否定这些行为的积极作用,即它们是对当前现有传统课堂覆盖范围有限的一种积极替代,利大于弊。

2.影响课堂教学效果的因素。首先,教师、学生在课堂教学中的行为受到多方面的影响。教师受到薪酬、科研压力、专业素质、办公条件、个人因素等多方面的影响,学生则受到就业、学习计划、习惯、性格、经济状况、价值观等的影响。这些因素可能导致时间不够用,主观动力不足,学习效率下降。

其次,课堂教育效果还受到教育系统运行机制的间接影响。这涉及大学的定位、教授如何治校、大学的发展动力等复杂、棘手的问题,目前还没有清晰的思路。

(1)导致时间不够用的因素。时间的稀缺性是制约课堂教学的最直接因素。教师的科研动力与现实压力挤压教学时间,导致教师与学生交流的时间严重不足,决定了教师不太可能像基础教育那样辅导学生。学生时间也不够用。学生年轻,爱玩;考证、出国、考研以及课外实习、兼职都会占去学生不少时间。

（2）老师与学生的各自优势与劣势。高校教师最大的优势在于专业水平高，因而将教师从各种繁杂的事务中解脱出来，使其专心致力于专业研究，是学校乃至社会的最优选择。国外高校较普遍的助教制度，有助于把教师从琐事中解放出来。

学生的优势在于，相对于老师来说，时间成本低。经过多年的摸索和总结，金融学院大三的学生，将开课时间放在上半年，这样暑假前有三周的专业实习可以用来修改作业，是专业课实施科研导向型教学的最适宜的时间段。另外，大三学生的科研能力也要强于大二的学生。

学生的劣势在于科研能力不足。老师得针对不同学生的情况做出调整或安排，如果一刀切，不但阻力大，效果也不会好。

（二）课堂、微信、小组的交流与激励机制

1.激励机制设计：

（1）教师的激励函数。老师应确立专业课相关的科研主题与任务，收集材料，分配任务，制订一个学期的科研计划。科研成果形式如果有利于老师的科研考核和课题申报，科研与教学就紧密结合起来了，反过来也有利于提高教学水平。

（2）学生的激励函数。科研型教学要花去学生一定量的课余时间，其效用函数是：老师的认可，较高的分数，以及站在他人肩上提出自己观点的能力。这些将提高学生的人力资本并提高学生的获得感和成就感。

2.交流机制设计与演化。教师是驱动者，是科研导向型教学是否成功的决定因素，因此：①科研任务的内容要适合学生的能力。②成果要有出口。如果没有合适的出口，或者成果的质量不高，难以作为深加工的原料，则教师的投入没有回报，无法持续。③科研任务的设计应工程化、傻瓜化。我们在这个方面摸索了多年，总结出一套系统化的理论和方法，经过试错和试对，结论是理论和方法都很可靠。

班级微信群、小组微信群、个人微信等的组合简化了交流方式，提高了交流效率，满足了不同场景的交流需求：①班级微信群适合用于发布专业新闻与网页，课程资料等；②小组微信群适合用于小组内的问题讨论与信息发布；③个人微信适合用于学生的特殊情况,以及照顾学生情面的善意批评。

除了微信交流,还需要见面交流:①答疑,指导学生处理科研过程中遇到的困难,如:告之如何查资料,发布格式要求,进行作业指导,等等。②对于难以判断质量的阶段性成果,必须见面核对,以免误判成绩。通过见面交流,老师可以因此察觉学生的逻辑破绽,从而判断学生的真实水平。

(三)科研导向型专业教学是否成功的判断依据

我们认为可从以下方面来简单判断科研导向型教学是否成功:

1.各方的主观感受。老师的主观感受包括:老师是否觉得学生获得了进步,老师是否获得了学生的认可,双方的交流是否愉悦。

学生的主观感受包括:是否获得了尊重,是否有收获,成绩是否满意,付出与成绩是否成正比。但是,在探索最优教学模式的过程中,可能有些学生的感受较差,此时老师需要总结经验和教训。

2.客观上是否有收获:

(1)老师的收获:是否取得了较满意的初级科研成果,是否得到了学生的认可和肯定,是否加深了对学生的了解和认知,是否获得了科研导向型教学的规律性认识。

(2)学生的收获:查找资料、整理资料、文字处理等的能力提升,专业知识的获得,更好的成绩,与小组同学与老师交流方面的收获,等等。

四、互联网金融、证券投资学等课程科研导向型教学的探索和经验总结

我们在“信托与租赁”“互联网金融”“证券投资学”等课程上进行了科研型教学的探索,既有失败的教训,也有成功的经验。

(一)科研任务的工程化与傻瓜化

1.信托科研任务的工程化和傻瓜化:

(1)翻译国外著作。信托行业源自国外,近几年来国内业务发展迅速,但是相关理论研究并没有跟上,也没有较好的教材,因而对科研导向的信托教学提出了需求。我们尝试了三个方向:①翻译特别专业的两本国外信托学教材,偏法律,结果都失败了。究其原因,一是当时分配的工作量超出了学生愿意承受

的范围,二是难度超过了学生的水平。②翻译著作 *Getting Started in Real Estate Investment Trusts*,篇幅不太大,少数学生翻译得尚可,这激励了笔者在科研导向型教学方面进行探索。这本书后来得以出版。虽然优秀学生的初级科研成果采纳较少,但是看到了可能性,以及改进空间。

主要的经验与教训:①翻译的工作量每个学生不能超过 25 页;②对于英文部分的内容,学生事先对相关知识要有所了解;③要有工程化的管理经验,包括沟通技巧、进度控制、激励艺术等;④要有一定数量的优秀学生。

(2)写作《信托投资学》教材。笔者先是整理了多年的材料,取其前沿的部分写作了初稿,将修改任务分配到小组,与小组成员一起讨论如何修改与扩充,挖掘初稿中的不足。这节约了老师的时间,学生也有收获。学生感觉这种主动查找资料来解决问题的科研导向型教学方法很好。这种肯定也是一种激励。

(3)如何工程化、傻瓜化:①老师在开学之初列好工作提纲,查好英文资料或中文资料,第二周即下发电子版资料。②要求明确,即格式要求、质量要求,分数范围等都要明确。③作业分三个阶段。第一个阶段,整理老师给的资料,形成初稿,对格式不作要求,只需要将相近内容聚合到一起,分门别类。第二个阶段,将分门别类的资料进行归纳整理,理顺文字,规范数据、图表等。第三个阶段,自己查资料,这是跃升阶段,需要有明确的观点和逻辑性。④利用学生专业实习的三周时间,优秀学生在老师的指导下将作业修改三遍,质量有明显提升。⑤利用微信、见面等多种形式交流,交流本身可以给学生提供信心和动力。如果学生不愿与老师交流,回避沟通,那么作业质量通常不高。所以,判断学生成绩的一个重要依据就是与老师的交流程度。通过三轮作业,学生的态度是否端正,是否花了时间,一目了然。在这个基础上判定成绩,比单纯的考试科学多了。

2. 互联网金融科研任务的工程化和傻瓜化:

(1)互联网金融案例。笔者主持出版了《互联网+案例》与《互联网+案例分析》。第一本著作引用学生的初级科研成果,从 100 多个学生的作业中选了 30 多个案例,在学生专业实习的时间段内,经过优秀学生的多重修改,形成老师著作的原材料。

到出版《互联网+案例分析》时,有了一套成熟的工程化的方法,效率也更高。在指导学生进行科研活动的过程中,教学相长,笔者的写作思路更加清晰。

整体来说,学生自己做的案例,质量难以把控,必须把要求制定得很详细。

奖优而不能罚劣,否则课程的阻力太大。当前"学评教"的考核机制,限制了老师运用批评工具去管理学生。

(2)区块链金融前沿资料的翻译活动。区块链金融的新知识很多,笔者布置了英文翻译任务,采用的论文资料都是最前沿的。结果表明,10%的可直接利用,40%的需要仔细修改才能利用。区块链金融翻译使用了所有以前用过的工程化方法,但是,学生科研的韧性不强,遇到难题时没有攻克难关的意志和愿望。

3."证券投资学"科研任务的工程化和傻瓜化。我们总结了成功人物(如巴菲特、索罗斯、林奇、费雪等)的投资经验,翻译了一些著作。由于我们对出版著作的要求较高,最终放弃了将学生的初级科研成果整理出版的想法。

证券投资方面的快餐性著作很多,经过多次科研导向型教学的尝试,笔者也积累了许多宝贵的素材。我们相信,最终会出版一本有价值的专业性的书。

4.金融 Matlab 科研导向型教学的主要做法与经验教训:

(1)利用免费资源为学生服务。我们在本科生与研究生教学中都开设了相应课程,涉及的金融学院本科生有 90 多人,研究生有 30 多人。我们参加和举办了一系列活动:①参加 Matlab 相关组织主持的活动。Matlab 发展迅速,在国内有多个网站(如 cn.mathworks.com,www.ilovematlab.cn)。这些网站上有着大量的应用实例和日常事件。②用国外相应免费行业资源。Matlab 在华尔街有着广泛的应用,许多公司利用 Matlab 编程来计算汇率,或者进行投资。我们积累了一些程序。国内的数据供应商万得数据也有一些 Matlab 编写的投资策略。③与协会、证券公司、期货公司等联合举办讲座活动,请这些机构的 Matlab 专家来我校进行课堂授课。④利用丰富的 Matlab 资源,采用学习小组联合攻关形式完成作业。一方面,我们利用量化投资模拟大赛,来推动课外的学习;另一方面利用现有 Matlab 资料,分小组让学生攻读相应专题,编程并运行程序,取得了一定成效。

这次教学活动,有一个学生通过 Matlab 编程,后来在《经济研究》上发表了论文。这也算是科研导向型教学的积极成果。

(2)创建代码库,培养学生量化金融编程能力。一是建立参考书库。参考书库则为学生提高自身的能力提供了重要的"营养餐"。参考工具书包括《高频交易员》《宽客》《波动率指数衍生品交易》《算法帝国》,另外还有英文书 *Quantum Finance* 等。含源代码的书籍,包括《量化投资:以 MATLAB 为工具》《MATLAB 神经网络 43 个案例分析》《期权定价实验教程》《量化投资系统——平台、原理与可信性》《量化投资:以 MATLAB 为工具(第 2 版)》《Matlab 神经网络原理与实例精解》《Matlab 神经网络 43 个案例分析》《机器学习在量化投资中的应用研究》《Matlab 概率与数理统计》《问道量化投资:用 Matlab 来敲门》《数理统计与 Matlab 数据分析》《机器学习实用案例解析》《Matlab 神经网络设计与应用》《金融数量分析——基于 Matlab 编程》《量化投资——策略与技术》《Matlab 金融工程与资产管理》《数学物理方程及其 Matlab 解算》《微分方程学习、设计与建模应用导引》,另外还有英文书 *Experiments with Matlab* 等。

二是建立代码库。我们既建立了交易代码库,也基于科研论文建立了代码库。我们将学生分小组,大约 5 人一组。要求每人至少编写一个代码程序,解决一个专业问题。每个小组的每名成员都需要通过 Presentation 来展示自己的成果,现场进行程序运行和结果展示,包括:现金流的计算,蒙特卡罗模拟,KMV 模型,期权隐含波动率,马可维兹-方差模型, CAPM 模型, Var 模型,凸度与久期,线性规划,机器学习,技术指标,神经网络,概率与统计,线性回归等。此外,我们还有上百篇国际顶级期刊论文的 Matlab 代码,可以方便地运用于科研。Matlab 是奇妙的语言,既可以用于交易,也可以非常方便地用于科研。这样强大的工具,学生不学习十分可惜。

(二)经验和教训总结

科研追求创新,追求先进性,所以科研导向型教学是最活跃的,也是最费老师时间的,难度也大。在这方面,我们已经有了一些经验和教训,可以借此进行改进。

1. 精心设计好选题,写好大纲,提前与出版社沟通。无论是偏文字型的科研任务,还是偏数学模型的科研任务,都需要一开始就写好大纲,将科研任务充分解构,使科研任务工程化、傻瓜化,只有这样才最有效率,才可能可持续地进行科研导向型的教学工作。

2. 要原则性与灵活性相结合。如果学生整体素质不高,要放弃科研导向型教学。要让学生能够选择自己感兴趣的作业,这是对他们的尊重。大多数学生的任务是整理或者翻译被老师下载的资料,只有少数学生会自己主动查找资料。老师要关注学生的需求,从而调动学生的积极性。

3. 多用鼓励,批评要注意艺术。奖优而不罚劣,老师需要正确地把握和认识学生,运用丰富的教学经验和沟通能力,控制学生的作业质量,引导学生完成任务。

4. 老师安排好自己的时间,即时响应学生的需求。如果老师无法形成科研成果,还不如老老实实地去讲课,自己付出的相对少一些,学生也不会有什么大意见。

5. 采取多种方式高效识别作业优劣,如见面沟通提问、三轮作业法、资料包法。其中,资料包法就是学生将自己查找的资料放在一个子目录下,打包压缩后上交给老师,同时在电子版作业里面脚注自己的参考文献,每次新的修改都要用红字,等等。这样能够准确高效地评判学生的作业成绩,减少误判的可能性。

五、结论

综上,我们得出以下结论:①对学生不能期望太高。期望越高,失望越大,反而不利于形成正常的师生关系。②鼓动并主动地辅导学生的科研活动,实现科研的工程化与傻瓜化。既要调动学生的科研积极性,又要降低其科研成本。学生也是理性人!学生的精力是有限的,不可超过学生的实际科研能力。否则,课程无法进展,处处是阻力,将最终失败。③基于学生与老师的优势和劣势,设计激励机制与运行机制。学生的优势是:时间相对充裕,且大班的优秀学生群体具有规模优势;优秀学生是可激励的,如追求老师的肯定、分数等。老师的优势是有专业知识积累,劣势是时间稀缺。老师与众多学生交流,要有控制局面的能力,要能够引导教学向科研导向的方向发展。④注意配套条件的建设。沟通指导手段应多样化,可搭建微信交流平台,让学生接触科研资源,推送专业资料与信息,培养学生专业兴趣;应即时充分地答疑,通过见面沟通激励学生,解决学生迫在眉睫的困难,并避免对学生作业质量的误判;创造更多的专业环境,引导学生的专业兴趣,增强其研究的动力。⑤采取利益激励手段。以“利”动人是目前的主要激励手段。让学习优秀的学生能够得到充分的激励,如较好的实习机会,较好的出国机会,较强的未来就业前景,等等。⑥老师自身的课程设计与职业设计要得当。很显然,只靠课时费难以充分调动老师的积极性。如果教师获得足够的综合回报(显性或者隐性的,短期或者长期的,有形或者无形的),创造力就有可能被激发出来。当然,这个“利”是广义的。老师的教学活动必须产生“利益”,否则,教学活动就没有存在的必要。⑦老师要有更加宽容的心态,献身教育事业。科研导向型教学离不开老师的牺牲精神。人非圣人,如果这种非主流的教学活动探索失败,有可能使学生产生误解,授课老师要有这样的心理准备。

参考文献:

[1] 张俊超, 吴洪富.变革大学组织制度, 改善教学与科研关系[J].中国地质大学学报(社会科学版),2009(9).

[2] 侯清麟,刘文良.高校教学、科研和谐发展的困惑与超越[J].高等工程教育研究,2012(6).

[3] 施林淼,刘贵松.我国研究型大学教学科研融合的方式、问题及对策:以清华大学等6所高校发布的本科教学质量报告为例[J].中国高教研究,2015(3).

[4]陈静,吴薇.教学型大学教师教学科研关系观影响因素探析:基于集美大学的调查[J].高等工程教育研究,2014(1).

[5]罗杭,郭珍.2012年中国“985”大学效率评价:基于DEA-Tobit模型的教学-科研效率评价与结构-环境影响分析[J].高等教育研究,2014(12).

[6] 李俊杰. 科研反哺教学的合理性及地方高校因应策略[J].教育研究,2012(3).

[7] 吴洪富. 大学教学与科研关系的历史演化[J].高教探索,2012(8).

[8] 韩媛,范武邱．以教学带科研,以科研促教学[J].中国高等教育,2015(8).

[9] 郭英德．教学与科研的双向互动:国家级优秀教学团队建设经验谈[J].中国大学教学,2011(11).

[10] 吴洪富．透视美国研究型大学本科教学与科研关系的迷局[J].高等教育研究,2016(12).

[11] 余玉龙．强化教学学术,促高校教学科研双赢[J].中国高等教育,2012(1).

[12] 徐颖．国外研究性大学教学与科研互动经验及借鉴[J].技术经济与管理研究,2011(6).

[13] 朱宇波, 谢安邦．洪堡的“教学与科研统一”原则及其在美国现代大学中的改造[J].教师教育研究,2012(3).

[14] 曹广福．把教学过程当成科研过程[J].中国大学教学,2015(12).

[15] 田有, 冯晅,刘财．科研与教学并重,成就优秀的大学教师[J].实验技术与管理,2013(2).

[16] 刘振天．教学与科研内在属性差异及高校回归教学本位之可能[J].中国高教研究,2017(6).

[17] 魏冠凤,何静．教学科研人员激励制度有效性的实证研究[J].管理评论,2009(5).

[18] 吴洪富．教学与科研关系的研究范式及其超越[J].高教探索,2012(3).

[19] 梁林梅．国外关于本科教学与科研关系的探析[J].江苏高教,2010(5).

[20] 生云龙．高校实现“教学与科研统一”理念的制度选择[J].清华大学教育研究,2005(8).

[21] 宁长春,索郎桑姆．以科研工作介绍的融入促进大学物理教学[J].大学物理,2012(8).

[22] 钱洁,石嘉豪,费俭．模拟科研情境 开展研究型实验教学[J].实验室研究与探索,2010(1).

新时代财经类微课教学调查与改革探讨①

梁万泉

摘　要：微课是大数据时代新的教学手段。本文通过微课在大学本科教学中的实践，采用问卷调查的形式对财经类微课教学进行了调查分析，并在此基础上提出了改进和完善的建议。

关键词：微课，教学，建议

课堂是高等教育的主要阵地，课堂效果提升对本科生的学习意义重大。对于一名本科生而言，四年的大学学习生活可能是个人发展的黄金阶段，在校期间必须修完40余门的课程，长达3 000多学时。大学生的大部分学习时间用在了课堂上，高效的课堂是评价一所大学教学水平的关键，因此提升大学课堂教学效果尤为必要。与此同时，微课可充分运用网络共享资源，增强课程吸引力，激发学生探究知识的兴趣，加深并巩固学生对知识点的认识，提升学生自我学习能力，从而有效提高课堂教学效益。作为网络资源最基础、最生动、最形象的在线课程，微课成为一种全新的教学方法，在财经类大学课堂中的应用也越来越广泛。

一、微课教学的重要性

信息化教学背景下，引入微课进行翻转课堂教学模式改革，顺应改革潮流，也符合教育部印发的《教育信息化十年发展规划（2011—2020）》的宗旨，即教育信息化的发展要以教育理念创新为先导，以优质教育资源和信息化学习环境建

---

① 本文获得2019年首都经济贸易大学教改项目“大学课堂教学效果提升研究与实践”的资助，项目号01591954211086。

作者简介：梁万泉，首都经济贸易大学金融学院，副教授。

设为基础,以学习方式和教育模式创新为核心。翻转课堂教学模式及微课的引入与应用能够在一定程度上弥补大学教学上存在的不足,从而提高财经类大学的教学效果,为大学课程改革注入活力。

微课和翻转课堂的应用更适合大学的课堂教学。微课的核心价值是促使学生自主学习,促使教师因学定教。微课教学体现着"先学后教"的教学取向。但是,当前对于何时何地让学生使用"微课",有关部门和学校没有做出明确规定。与此同时,微课运用比较广泛的主要是中小学,大学中的微课在英语教学中应用比较普遍,其他课程中较少见。而大学生自主学习能力强,在大数据时代对网络资源的把控能力更高,微课结合翻转课堂在财经类大学中更加容易实施,能够起到表情更好的效果。

大学教改项目落实到课堂有待于进一步完善。近年来,高校的教改有了长足进展,但原有的网络课程大多雷同,学生的学习兴趣和热情难以调动,使网络课程流于形式。随着微课这一崭新的教学模式的出现,国内关于微课的研究迅速开展起来,微课理念在各个教育领域迅速传播。但微课研究大多侧重于理论探讨,应用于实践研究比重较小,大多数微课重于建而轻于用,应用性不强,亟待改进。

二、在课堂中应用微课的调查统计分析

在借鉴较为成熟理论的基础上,2016 年,笔者录制了 20 个教学微课视频。这些微课视频经过精心设计和研究,由专业团队打造,在 2017 年结合教学 PPT 运用在大学课堂上。学期末,立足于首都经济贸易大学本科课堂教学的现状,通过预试、学生个别访谈以及专家咨询,设计调查问卷并不断修改完善,编制了《微课在财经院校课堂中应用的效果调查问卷》。然后选取首都经济贸易大学全日制本科大一至大四的学生作为调查对象,围绕微课的使用,采取课堂匿名问卷调查的方式进行调查分析,现场调查观察,现场发放和回收调查问卷,筛选后得到 68 份有效调查问卷。下面选取一些重要指标进行分析。

从调查的结果看,对微课非常了解的同学几乎为零,了解的占 29%,不了解的占 6%,介于二者之间的为 65%(见图 1)。这说明在校大学生对微课的了解很模糊,大多数学生对这个教学中的新生事物不熟悉。

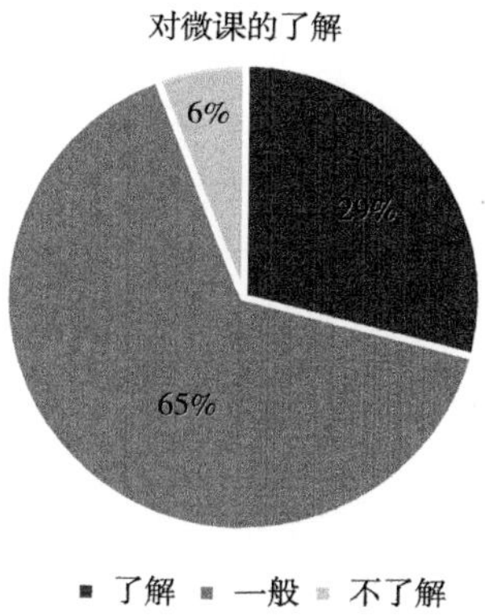

图 1　对微课的了解

在对微课的学习和使用意愿方面的调查显示，非常愿意的占 32%，一般愿意的占 55%，无所谓和不愿意的分别占 7%和 6%（见图 2）。

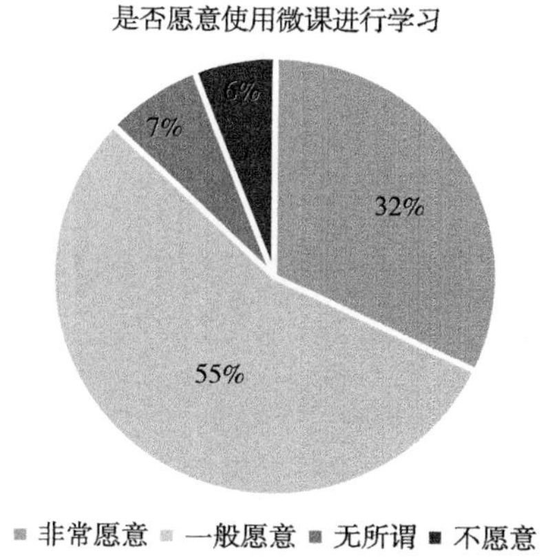

图 2　微课的学习意愿

调查显示，微课的定位方面，普遍认为微课是课堂教学的有效补充和学生自主学习的资料（见图 3）。

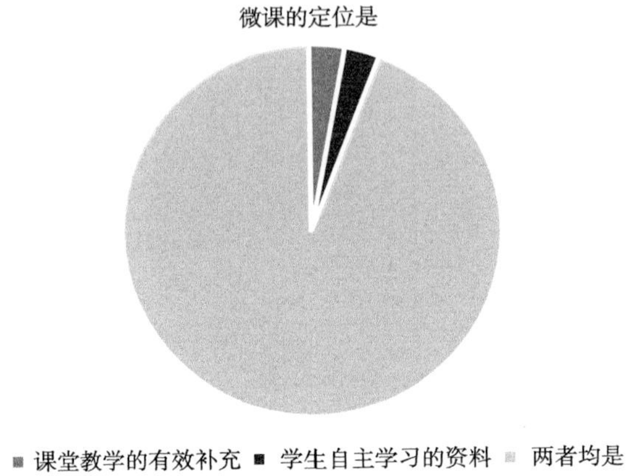

图 3 微课的定位

调查结果显示,大多数同学认为微课时间不宜过长,也不宜过短,应该在5~15分钟为宜(见图4)。

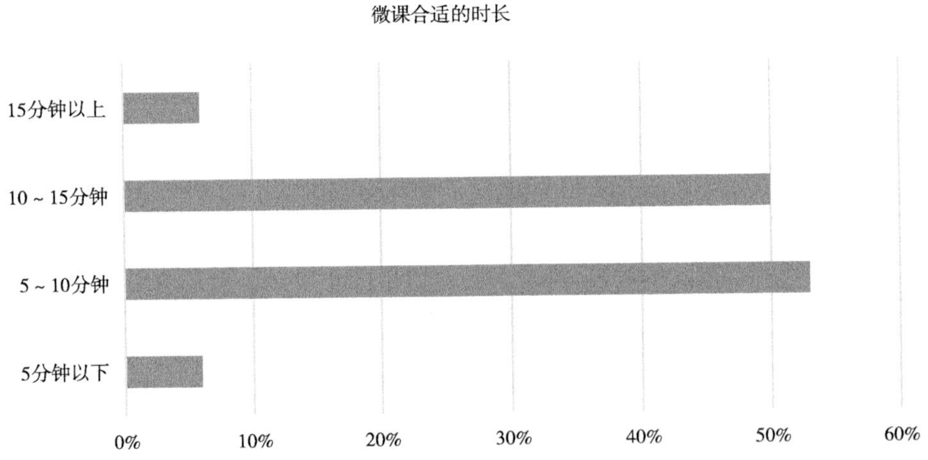

图 4 微课合适的时长

调查显示,大多数同学喜欢微课中加入动画和视频的形式,也有18%的同学认为PPT讲解就可以了(见图5)。

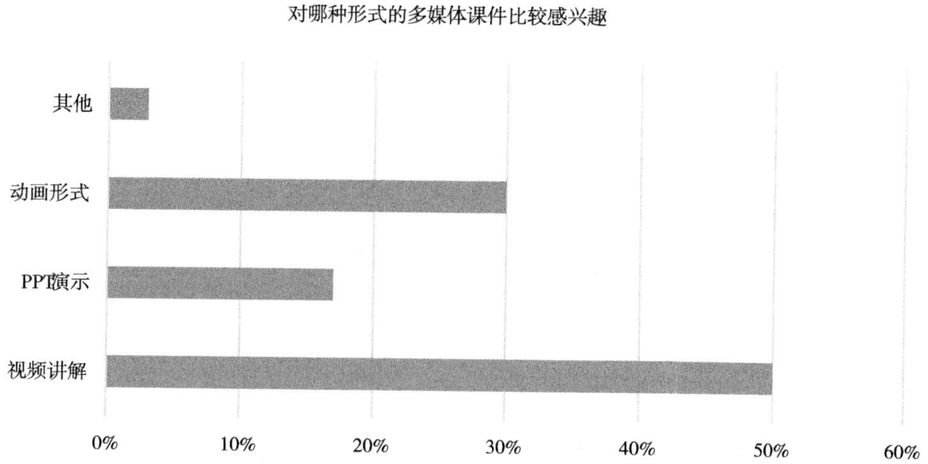

图 5　对哪种形式的多媒体课件感兴趣

调查显示，有一半的同学认为学习一个知识点通过微课视频最好，应把微课做成视频形式，老师的讲解示范；也有 40%的同学认为形式是无所谓的（见图 6）。

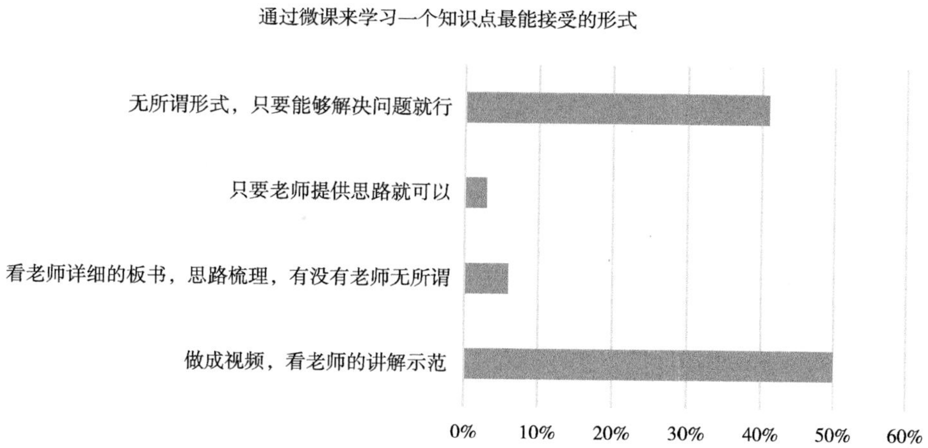

图 6　通过微课学习一个知识点最能接受的形式

通过调查结果可以看到,大多数同学认为微课应该在课前预习和课后复习中使用,学习新课时微课也能起到较好的作用(见图7)。

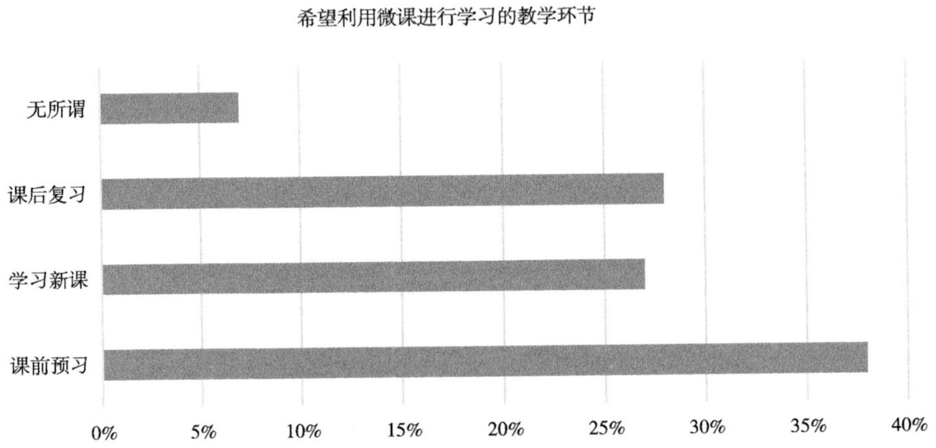

图7 希望利用微课进行学习的教学环节

从调查结果来看,微课的使用和设计是最重要的环节,41%的同学认为微课的教学活动实施过程和使用是最重要的环节(见图8)。

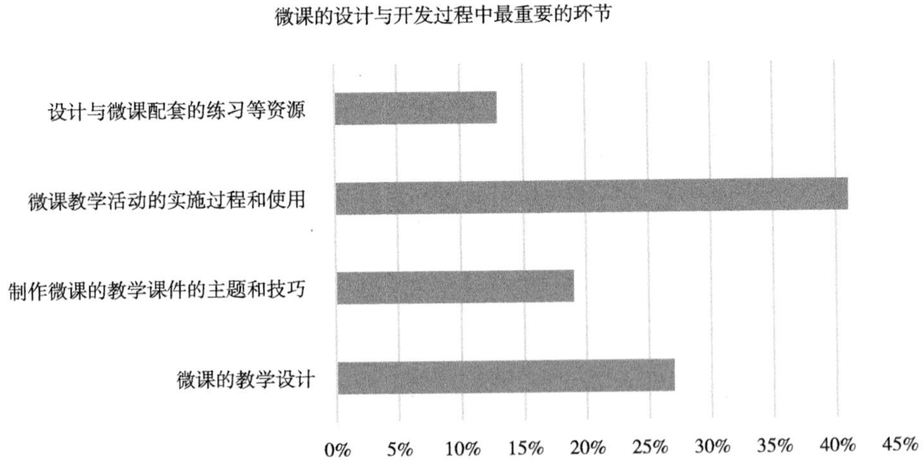

图8 微课设计和开发中最重要的环节

调查结果显示,大多数同学认为微课需要开发更多的配套资源,在微课中要加入视频和动画,使微课更加有吸引力(见图9)。

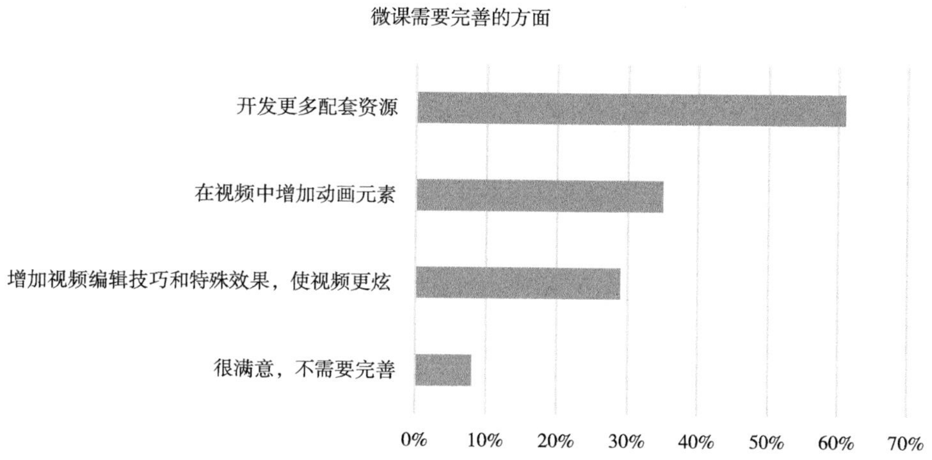

图9 微课需要完善的方面

三、财经院校课堂教学微课的改进建议

通过调查分析,结合微课在大学课堂应用的实践经验,笔者提出以下几条改进建议。

(一)对微课的设计和制作做进一步提高和改进

毫无疑问,微课在促进教师业务成长和教学研究中可发挥积极作用,微课制作简单、形式新颖,微课制作和应用的过程也是教学研究的过程。在实际教学中,一线教师把发现问题、分析问题、解决问题的过程制成微课,本身就是一个教学反思的过程,能有效促进教师的业务成长。调查结果显示,微课的设计和制作应该加入更多动画和视频,吸引学生主动观看和思考。与此同时,微课设计的系统性也应该进一步提高,可配套部分阅读资源和案例,使学生能够更好地理解教学内容。

(二)微课的应用应该受到关注

微课制作完成后,要使其发挥作用,首先要把它应用到教学实践中去,在一线课堂中去检验而不单单是挂在网站上甚至是束之高阁。在微课使用方面,教师要恰如其分地把微课嵌入教学课件中,使学生能够喜欢和接受这种新的教学手段。

（三）微课要在课上课下同时运用,引导学生思考

在微课视频运用方面,鉴于微课的特点,应以学生课下学习为主,建立微课使用平台。教师要在微课中设计出确实有启发性的问题,引导学生自主学习和思考,拓宽学生思维的广度,增加其深度。与此同时,优化微课与课堂的互动,把学生课下的学习成果通过互动教学、提问式教学和启发式教学放到课堂上来检验,重点启发学生自学中的思考,让教师由知识传授者变成学生发展的促进者,由学生的管理者变为学生的引导者,抛弃“权威”意识,成为与学生共同探究问题的合作者。

（四）避免过度使用微课

在教学实践中,任何单一的教学模式和手段都会使学生产生厌倦感,过度依赖微课教学也是如此。在微课教学的基础上,应该采用分组教学、问题教学等不同的教学方法丰富课堂教学,这样才能获得理想的教学效果。

参考文献:

[1]廖乃帜．信息化背景下的财经类大学英语微课群建设研究[J].内蒙古农业大学学报(社会科学版),2016(2):72-75.

[2] 张云岗,陈志新．以微课为基础提升大学英语教学效果的有效方法探析 [J].才智,2016(12):132-133.

[3] 张丽丽,张莉,王鑫．基于微课的“翻转课堂”模式对大学英语教学效果的影响[J].理论观察,2016(2):166-167

新时代金融人才创新培养模式研究

——以本硕博贯通模式为例

王雅洁

摘　要：本硕博贯通培养模式已成为培养创新型、交叉型、拔尖型人才的重要途径。本文以首都经济贸易大学金融学本硕博贯通项目为例，对本硕博贯通项目运行过程中的遴选、培养、奖惩、考核等内容进行研究，并提出了本硕博贯通培养“四位一体”机制，为本硕博贯通项目运行提供参考。

关键词：人才培养模式，本硕博贯通，运行机制

2010年，国家颁布了《国家中长期教育改革和发展规划纲要(2010—2020年)》，文件以“优先发展、育人为本、改革创新、促进公平、提高质量”为教育工作的指导方针，同时强调教育发展的强大动力是“改革创新”，鼓励学校大胆探索和试验，创新人才培养体制、办学体制、教育管理体制，改革质量评价和考试招生制度，改革教育的内容、方法、手段。2013年，时任教育部部长袁贵仁提出“有教无类、因材施教、终身学习、人人成才”，开启了“中国教育梦”。党的十九大报告明确指出：要优先发展教育事业。建设教育强国是中华民族伟大复兴的基础工程，必须把教育事业放在优先位置，深化教育改革，加快教育现代化，办人民满意的教育。

我国高等教育分为本科生、硕士研究生和博士研究生三个教育阶段，实施分段式人才培养模式。随着我国经济的快速发展和创新型国家的建设、教育教学改革的深化，三阶段式的培养方式已不能完全适应创新型、交叉型、拔尖型人才的培养。从20世纪80年代开始，理工科和医科开始尝试贯通培养模式。随后，众多高校纷纷开始在各个学科探索本硕博贯通培养之路。经过各高校多年的不断改革探索，将本硕博贯通培养模式作为创新人才培养模式的呼声愈来愈高。

一、文献综述

自本硕博贯通人才培养模式提出以来,国内众多专家学者对此展开了研究,研究热点主要集中在本硕博贯通培养模式出现的问题及对策、本硕博贯通培养模式案例研究等方面。

针对本硕博贯通培养模式出现的问题,不少学者提出了对策。温向明(2017)通过分析"本-硕-博"贯通式拔尖创新人才培养模式的优势与局限性,从培养目标、培养机制、培养过程、制度保障与质量评价等几个方面对贯通培养模式提出了系统性的优化方案。曾空等(2017)通过发放问卷、开展访谈、查阅文献的形式,系统梳理了本硕博连读生的学习、科研、生活等情况,分析了本硕博贯通培养模式的运行现状,提出了本硕博贯通培养模式存在的一些问题,并提出了相应的对策。骆源和过敏意(2016)对计算机学科本硕博贯通培养机制进行了研究,并从选拔生源、引入淘汰补录机制、建立激励机制、避免学术近亲繁殖、课程设置、面向职业发展等方面提出了计算机学科在本硕博贯通机制下的应对措施。熊玲和李忠(2012)研究了"3+1+4"八年一贯制的培养方式,将其设计成一个有机连贯的整体,打破高年级本科生与研究生教育之间的隔阂,把学生专业知识的学习与能力的培养相结合,将学生的学习、实践、创新融为一体。

在案例研究方面,靳强和杨福军(2017)以北京财贸职业学院为例,对"2+3+2"贯通培养体育课程的衔接进行了思考并做出构想。从体育课程的目标、课程内容和课程组织实施三个方面,对现阶段贯通培养体育课与高职体育课的开展现状进行了比较,并就贯通培养体育课程的转段衔接做出了思考与构想。张志红和刘春卿(2017)对地方高校本硕博贯通培养模式进行了研究,并以安徽工业大学为例,研究了地方高校实施本硕博贯通人才培养模式的必要性和运行机制。安徽工业大学在本硕博贯通的创新人才培养工作中完善管理制度、建设载体平台、开展优质生源培育计划等,以此提高博士生源质量。钱啸寅(2016)针对应用型人才"一体化贯通培养"课程体系进行了整体设计,并以上海城市管理职业技术学院贯通试点专业——建筑工程技术专业为例,分析这一实践进程的问题、经验及难点。马川(2015)研究了西北农林科技大学创新实验学院的案例,分析指出西北农林科技大学创新实验学院以导师制为抓手,积极推进拔尖创新人才科研能力体系的建设。本硕博贯通型培养通道的学生在大二结束时即有了自己的导师,学生提早进入导师实验室进行科研训练活动,依次完成自主实验、大学生科创项目、科研训练、毕业论文设计等训练环节,成效显著。

通过对相关文献进行梳理,发现国内对本硕博贯通培养模式的研究并不鲜见,大部分学者从多角度出发分析了本硕博贯通培养模式的优缺点,并提出了相应的对策,但少有学者研究本硕博贯通培养模式的运行机制。本文以首都经济贸易大学金融学本硕博贯通项目为例,从系统运行的角度提出本硕博贯通培养模式"四位一体"机制,为本硕博贯通项目运行提供参考。

二、首都经济贸易大学金融学本硕博贯通项目介绍

为培养创新型、交叉型、拔尖型金融人才,2016 年,首都经济贸易大学开始了"本硕博贯通"培养模式初探,并在金融学院试点。

(一)培养目标

首都经济贸易大学金融学本硕博贯通项目旨在培养具有扎实的经济学理论基础和系统的金融学科专业知识,知识面宽广,具有较高专业技能、外语水平和较强适应性的高水平理论、实践复合型人才。毕业生能够运用规范的理论框架分析金融经济问题,从事货币政策制定与咨询,金融监管,商业银行、证券公司、保险公司等金融机构管理,或具备在高等院校、研究机构从事金融研究的能力。主要课程体系包括高级微观经济学(Ⅰ、Ⅱ)、高级宏观经济学(Ⅰ、Ⅱ)、高级计量经济学(Ⅰ、Ⅱ)、高级货币经济学、高级银行经济学、高级公司金融理论、高级数理经济学、高级金融经济学、高级资产定价等。

(二)培养模式

首都经济贸易大学金融学本硕博贯通项目可概括为"3. 5+0. 5+1+3"模式。

"3. 5"——本科阶段学习,第 7 学期获得推荐免试研究生资格。

"0. 5"——学生获得推荐免试研究生资格并被首都经济贸易大学拟录取后,可提出申请进入本-硕-博贯通班学习。通过申请和审核进入本-硕-博班级后,第 8 学期将采用本-硕-博培养方案,提前进入硕士课程的学习。

"1+3"——研究生阶段学习1年后考核,遴选符合继续攻读博士学位条件的学生,进入3~4年弹性制博士生学习阶段;未获得直博资格者,将转入金融学学术型硕士系列,1年后如成绩和学分达到申请硕士学位要求,获得金融学学术型硕士毕业证书和学位证书。

三、"四位一体"机制设计

本文结合首都经济贸易大学金融学本硕博贯通项目运行模式,设计本硕博贯通"四位一体"机制。本硕博贯通项目涉及学生的遴选、培养、奖惩、考核等四个方面,如图1所示:

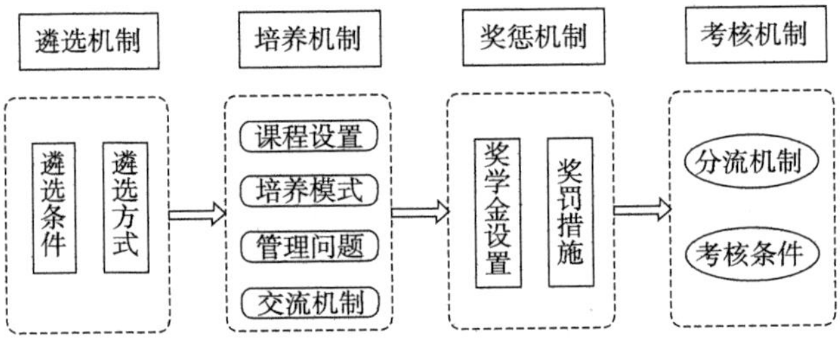

图1

(一)遴选机制

遴选是指从大四上学期获得本科推免生资格,有志加入本硕博贯通项目的推免生中,选拔出加入本硕博贯通班的学生。其中包括遴选条件和遴选方式。遴选条件为:具有本科推免生资格且具有较好的学习基础、较强的学习能力、较高的外语水平。遴选方式应包括笔试和面试。在笔试阶段,重点考查学生对基础知识的掌握情况;面试阶段重点考察学生的英语水平、专业知识、学术潜质和科研能力、综合素质等。

(二)培养机制

培养机制主要是指在本硕博贯通培养过程中涉及的课程设置、培养模式、管理问题以及交流交换机制等。在课程设置方面,应从系统角度设计培养方案,避免研究生阶段、博士阶段的课程出现交叉重复现象,从而加快学生从本科、研究生到博士阶段的过渡,保证课程的连贯性和系统性。

本硕博贯通项目培养模式，既可以打破传统阶段式教育之间的隔离，又可以将学生的专业知识学习与学术科研能力之间的培养相联系，真正实现"贯通式"培养。在培养过程中，应鼓励跨学科、跨专业交流，本硕博贯通项目学生可能是本科、硕士、博士阶段都在同一院校、跟从同一导师，这种封闭式的培养环境不利于学生的成长，因此在培养过程中，应注意打破培养环境的封闭性。

由于本科和硕士、博士培养单位可能不一样，尤其是大四下学期，本硕博贯通培养模式可能会带来培养单位之间的交叉管理问题。以首都经济贸易大学金融学本硕博为例，大四下学期学生要来校上课，但此时学生的学籍还在本科院校，因此涉及本科院校和首都经济贸易大学的交叉管理问题。学校应高度重视本硕博学生的管理，制定完善的规章制度，对可能出现的问题做好预案。

在国际交流方面，本硕博贯通培养模式属于创新型人才培养模式，这种培养模式为优秀学生的成长提供了良好的平台和机会，学校应通过校级国内外联合培养项目、联合培养博士生等项目，选派优秀学生参加国际交流项目，建立本硕博贯通项目国内外访学制度，从而拓宽学生的国际视野，加强学生的学术交流。

（三）奖惩机制

由于我国传统教育采取的是分阶段的培养方式，因此各高校的奖助体系基本也是分段式的，对本科、硕士、博士分别有相应的奖惩机制。因此，对本硕博贯通项目这一创新培养方式，学校应统筹设计与贯通培养方式相适应的奖惩机制。同时，各培养单位要拓宽奖助学金的来源渠道。目前，奖学金分为国家奖学金、高校设立的奖学金和社会出资设置的奖学金，学校应多渠道筹集经费投入于此，从而建立长效、多元的奖助体系，保证本硕博连读学生有一个良好的生活、学习及研究环境。

（四）考核机制

在从硕士阶段转入博士阶段过程中，要经过分流考核，符合条件的优秀学生继续攻读博士学位，不符合继续攻读博士学位的学生转入硕士培养阶段，这样的机制为考核机制。考核机制包括分流机制和考核条件两个方面。

以首都经济贸易大学金融学本硕博贯通项目为例,分流机制包括笔试和面试两个部分。笔试阶段重点考核学生对知识的掌握情况,其中重点考察高级微观经济学、高级宏观经济学、高级计量经济学等知识,以及外文文献测试。在面试阶段,重点考察学生的科研潜力、学习能力等综合素质。经过严格的分流考试,符合选拔条件的学生将继续攻读博士学位,不符合选拔条件的学生将转入硕士生培养。

四、结语

本硕博贯通培养模式已成为培养创新型、交叉型、拔尖型人才的重要途径。本文以首都经济贸易大学金融学本硕博贯通项目为例,设计了本硕博贯通项目"四位一体"运行机制,该机制包括遴选、培养、奖惩、考核全过程,为本硕博贯通项目运行模式提供了参考。

参考文献:

[1]曹帅."贯通式"创新人才培养模式探析[J]. 中国高校科技. 2014(4):47-48.

[2]常江,赖绍聪,华洪,等. 本科生-研究生贯通培养的实践与探索[J].中国地质教育,2007(4):27-31.

[3]韩春玲,左志香. 本硕博贯通式培养模式下奖助体系的探讨[J].南昌教育学院学报,2017(2):49-51.

[4]靳强,杨福军. 对"2+3+2"贯通培养体育课程衔接的思考与构想:以北京财贸职业学院为例[J].北京财贸职业学院学报,2017(6):50-53.

[5]骆源,过敏意. 计算机学科本硕博贯通培养机制探讨[J].计算机教育,2016(5):1-4.

[6]吕秋丰,靳艳巧,林起浪. 高校本科生实行导师制的探讨[J].教育探索,2010(1):88-89.

[7]刘黎明,周庆贵,黄灵敏. 应用本科与专业硕士贯通培养模式改革研究:以上海财经大学财经"E+e"新教育实践项目为例[J].上海管理科学,2015(10):109-113.

[8]马川,陈遇春．以导师制为抓手,推进农林高校拔尖创新人才科研能力体系建设[J].科教文汇,2015(9):5-7.

[9]温向明．创新人才贯通培养模式探究[J].高教研究,2017(3):37-40.

[10]熊玲,李忠．本-硕-博贯通的创新人才培养模式探究[J].学位与研究生教育,2012(1):11-15.

[11]赵凯博．德美两国高校本硕博贯通人才培养模式探析[J].黑龙江教育(高教研究与评估),2013(5):73-74.

[12]张志红,刘春卿．地方高校本-硕-博教育贯通的创新人才培养模式探索[J].安徽工业大学学报(社会科学版), 2017(1):83-85.

[13]曾空,徐方平,高静,等．教育转型下的“本硕博”贯通式创新人才培养模式调查研究[J].汉江师范学院学报,2017(8):123-129.

[14]张莉．本、硕、博贯通式人才培养模式的利弊分析及对策研究[J].学位与研究生教育, 2015(6):13-16.

[15]周亚利,阿娜尔古丽塔西木儿．高校本科生导师制的成效、问题及对策[J].教育教学论坛,2014(1):4-6.

[16] NEUMANN R. Diversity, Doctoral Education and Policy [J]. Higher Education Research & Development,2002(2).

把握新时代研究生"课程思政"的内在逻辑

常　彪

2016年,习近平总书记在全国高校思想政治工作会议上强调,要把思想政治工作贯穿教育教学全过程。研究生教育是高等教育人才培养的最高层次,是我国社会主义现代化建设拔尖创新人才培养的重要渠道。研究生思想政治教育是研究生教育的重要组成部分,加强和改进研究生思想政治教育,是深入推进素质教育、全面提升研究生培养质量、推动高等教育改革发展的需要,是培养德智体美劳全面发展的中国特色社会主义事业合格建设者和可靠接班人的需要。

2017年,中共中央、国务院印发《关于加强和改进新形势下高校思想政治工作的意见》中提出,要坚持全员、全过程、全方位育人,把思想价值引领贯穿教育教学全过程和各环节。研究生教育阶段培养层级高、整体学制短,研究生群体也呈现出自主性强、思辨力高和社会联系广的特点,如何"因事而化、因时而进、因势而新"地做好研究生思想政治工作,探究必修环节的课程学习就成为必然。

一、研究生"课程思政"的内在要求

习近平总书记在全国高校思想政治工作会议上强调,"要用好课堂教学这个主渠道,思想政治理论课要坚持在改进中加强","其他各门课都要守好一段渠、种好责任田,使各类课程与思想政治理论课同向同行,形成协同效应"。2018年,教育部印发《高校思想政治工作质量提升工程实施纲要》中更是明确指出,将大力推动以"课程思政"为目标的课堂教学改革,优化课程设置,修订专

作者简介:常彪,首都经济贸易大学金融学院专职辅导员,讲师,研究方向:团体辅导与学生党建。

业教材,完善教学设计,加强教学管理,梳理各门专业课程所蕴含的思想政治教育元素和所承载的思想政治教育功能,融入课堂教学各环节,实现思想政治教育与知识体系教育的有机统一。这标志着“课程思政”作为高等教育根本任务“立德树人”中的必要环节,已成为高校完善思想政治教育机制体系,推进高等教育深化改革的肇始、发端。

不同于本科教育日趋普及化、大众化,研究生教育阶段具有显著的差异化特征:①受教育者思想整体较为成熟,已经较为完整地学习和掌握了马克思主义基本原理和中国特色社会主义思想基本内容;②专业课程比重大,通识教育较少,突出专业提升和学术塑造,而培养方案中思想政治课课程比重较低,重要性“弱化”;③整体在校集体时间较短,求学时空有离散性和多维性特点,对于把握研究生思想动态变化有难度。

二、把握好推进研究生“课程思政”的关键

课程学习是研究生教育的必修环节,也是联系研究生导师、任课教师、高校学生思想政治教育团队和研究生个体的重要载体,处理得当将形成协同合作的良好局面,处理不当也会引起彼此掣肘的破坏和制约。如何充分运用课堂这个主渠道,课程这个主载体,教学这个主动权,将思想政治因素融入育人环节,润物无声、一以贯之,需要我们首先思考、分析和处理好以下几个重要关系。

(一)要处理好思政课程与专业课程的关系

目前高校研究生思想政治理论课只有硕士生阶段的“中国特色社会主义理论与实践研究”(必修)、“自然辩证法”(选修)、“马克思主义与社会科学方法论”(选修),以及博士生阶段的“中国马克思主义与当代”(必修),学分占比低,且在校生已在本科阶段修读基本理论,对于简单重复或孤立自证难以接受,思想政治教育效果受限。只有将思想政治理论课结合受教育者学科背景,将所学学科专业课,特别是社会科学类专业紧密结合当代中国实际,紧密结合社会主义现实,思想政治教育才能事半功倍。

(二)要处理好专业探究与思想政治教育的关系

研究生教育突出专业性,重点培养研究型和学术型人才,但不应将扎根专业、专注科研的要求与融入思想政治教育相对立。“科学没有国界,但科学家有

祖国”“板凳要坐十年冷,文章不写一句空”是应有的思想境界。专业服务方向,成果转化施用都是个人价值的选择,只有不断强化责任意识、人民观点才能为深耕学术获取源源不竭的动力。

（三）要处理好职业发展与思想政治教育的关系

研究生教育是本科教育的延续,也是职业起步的前站。为社会培养合格人才,满足各类用人企业的要求是高校服务社会的重要途径。到基层去,到祖国需要的地方去,实现个人价值与祖国需要、世界趋势同频共振是平凡的也是伟大的。同时,如何处理工作中的个人荣誉得失,如何处理集体合力与个人贡献等现实问题正是研究生教育阶段的学生需要学习和实践的。

（四）要处理好导师教导和任课教师引导的关系

研究生教育阶段的一个显著特征就是导师在人才培养中的重要地位。《教育部关于进一步加强和改进研究生思想政治教育的若干意见》中指出,教书和育人是导师的两大基本职责,导师负有对研究生进行思想政治教育的首要责任。导师在对研究生进行学术培养和实践指导外,还要关注研究生选修的其他专业课程,了解任课教师授课内容和方向。这样既可以保障专业基础课程的衔接性,也可以及时厘清不符实际的讲授和引导,避免受到错误的影响,这在社会学科类专业尤为重要。

三、新时代研究生“课程思政”完善优化的施行步骤

研究生阶段是在校生接受学校教育的最后阶段,是与社会衔接最紧密的人才培养环节。是否能够使教育者具备专业的学术能力、高尚的职业品德和鲜明的政治素养,具有重要的现实意义。高校教师应以德立身、以德立学、以德施教,更好地承担起学生健康成长指导者和引路人的责任。

（一）建设不同专业研究生统一的“专业+思政”导论课程

研究生教育阶段专业方向差别大,课程结构、环节各异,现有思想政治理论课难以做到“包打天下”,对此可以在其必修部分基础上做两个方向的尝试:一是结合不同学科专业背景的差异,在掌握基本原理和经典文献的基础上调整相应的对于科学道德和学科伦理的部分,采用案例讨论模式;二是统筹不同学科门类或一级学科下的专业导论课,使之既是学科通识专业课,也是成果转化的

中国方案解读课。

(二)突出研究生导师的思想引领和专业引航的“设计师”角色

研究生教育阶段,在校生与导师的合作较为普遍,学习生活接触广泛,应重视“课程思政”中“导师课”的溢出效应。这里的导师课不仅指导师开设的实验或者论文辅导,而是延伸到日常教学和生活辅导,要建立导师指导研究生的台账,加强对研究生修习课程的了解和指导,保障全方位的教育覆盖。

(三)强化党委研究生工作部门职责,做好调研和指导工作

要加强对研究生专业课程的调研,了解专业课程教材使用、课程教案和课程授课情况,建立教师授课“国情适应”“中国方案”等维度的指标,引导专业课教师增强专业课程内容的“政治性”(而不是政治元素),做好分析研判,与研究生院推进课程建设同向同行,增进融合,避免“两层皮”,不断完善研究生课程育人效果和工作评价的评估体系。起步阶段应以鼓励与表彰等正向引导为主,相关制度规定宜粗不宜细、相关工作部署宜早不宜迟,通过发挥任课专业教师的主动性,摸索适应不同学校、不同学科特征的举措。

参考文献:

[1]王茜.“课程思政”融入研究生课程体系初探[J].研究生教育研究,2019(8).

[2]陈会方,秦桂秀.“课程思政”与“思政课程”同向同行的理论与实践[J].中国高等教育,2019(9).

“双万计划”背景下金融学一流专业建设路径研究①

陈奉先

摘　要：基于一流专业国家“双万计划”背景，本文重点从高等教育强国、内涵式发展和专业竞争三个角度分析“双万计划”的政策高度，在此基础上构建金融学一流专业在师资队伍、课程体系、人才培养、资源保障、社会声誉五个方面的评价体系，并从首都经济贸易大学金融学院一流专业建设的切入点入手，具体阐述一流专业建设的实现路径和十条保障举措。

关键词：“双万计划”，专业建设，金融学，指标体系

一、引言

教育部发布的《全国普通高校本科教育教学质量报告(2018年度)》指出，高校本科教育教学工作尚存在一些问题，主要有：一是人才培养中心地位未完全落实，高校对人才培养中心地位的落实保障度不够，制度保障教学、全员服务教学等落实不到位，高校教授为本科生授课比例仅为77.11%；二是教学模式创新性不足，慕课(MOOC)、翻转课堂、线上线下混合式教学等新型教学模式应用不足，高校专业课小班化课堂平均开设率仅为29.11%；三是学习过程管理总体不严格，课程学习难度、挑战度不高，考核方式单一、重结果轻过程，高校学业挑战度总体上仍处于中等偏下水平；四是师德、师风建设未形成长效机制，高校对师德、师风建设工作的统筹领导力度不够，个别教师不能认真履职尽责。

为此，2018年6月教育部在成都召开新时代全国高等院校本科教学工作会议，强调推进“四个回归”，把人才培养的质量和效果作为检验一切工作的根本

---

① 本文得到首都经济贸易大学2019年校级教改立项“‘双万计划’背景下金融学一流专业建设路径研究”项目资助。

作者简介：陈奉先，首都经济贸易大学金融学院副教授，经济学博士，博士生导师。

标准。2018 年 9 月 17 日,教育部发布了《关于加快建设高水平本科教育,全面提高人才培养能力的意见》,强调"加快建设高水平本科教育",总体目标是"到 2035 年,形成中国特色、世界一流的高水平本科教育"。在"大力推进一流专业建设"部分明确提出:"实施一流专业建设'双万计划'是建设高水平本科教育、培养一流人才的'四梁八柱'。以建设面向未来、适应需求、引领发展、理念先进、保障有力的一流专业为目标,建设 1 万个国家级一流专业点和 1 万个省级一流专业点,引领支撑高水平本科教育。'双一流'高校要率先建成一流专业,应用型本科高校要结合办学特色努力建设一流专业。"

为深入落实相关政策文件的要求,2019 年 4 月 2 日,教育部办公厅发出《关于实施一流本科专业建设"双万计划"的通知》(以下简称《通知》),正式启动"双万计划"。面向各类高校,面向全部专业,分年度开展一流本科专业点建设,总体建设任务为:2019—2021 年建设 10 000 个左右国家级一流本科专业点和 10 000 个左右省级一流本科专业点。

正是在这样的背景下,首都经济贸易大学金融学院金融学专业按照学校的统一部署,在各位教职员工的辛勤付出和不懈努力下,终于在 2019 年底获批国家一流专业试点。

二、深刻领悟一流本科专业"双万计划"的政策高度

(一)"双万计划"是落实教育强国的必然之举

习近平总书记在党的十九大报告中指出,"建设教育强国是中华民族伟大复兴的基础工程"。在全国教育大会上,习总书记进一步提出了"加快推进教育现代化、建设教育强国"的新要求。关于教育强国的论述是习近平新时代教育新理念、新思想、新观点的重要组成部分,是新时代建设教育强国的行动指南。加快教育强国建设是建设社会主义现代化强国和实现中华民族伟大复兴中国梦的必然要求,必须找准着力点,系统推进,重点发力。习近平总书记指出,"'两个一百年'奋斗目标的实现、中华民族伟大复兴中国梦的实现,归根到底靠人才、靠教育"。习近平总书记要求,"高等教育是一个国家发展水平和发展潜力的重要标志",要努力提高高等教育办学水平,加快"双一流"建设,提高教育、教学质量,着重创新型、复合型和应用型人才培养。在这样的背景下,国家"双

万计划”旨在通过竞争机制选拔,紧扣国家发展需求,主动适应新一轮科技革命和产业变革,着力深化专业综合改革,优化专业结构,积极发展新兴专业,改造提升传统专业,打造特色优势专业。

(二)“双万计划”是高等教育内涵式发展的必然之举

推进教育内涵式发展,这是我国教育发展长期坚持的方向。《国家中长期教育改革和发展规划纲要(2010—2020年)》提出“树立提高质量为核心的教育质量发展观,注重教育内涵发展”,2012年党的十八大报告重申“推动高等教育内涵式发展”,2017年党的十九大报告进一步明确要求“实现高等教育内涵式发展”。高等教育内涵式发展已逐步成为我国高等教育改革的主旋律。

新时期我国高等教育面临着全球化、信息化挑战,这一环境内在要求高校培养的人才应具有国际化视野,高校要能及时更新教育手段、完善教育基础设施。面对新一轮科技革命和产业变革,高校要将培养一流人才作为核心目标,将拓宽国际化视野作为重要任务。从战略角度来讲,推进高等教育内涵式发展,将我国高等教育发展的现实目标与未来发展方向紧密结合,是建设社会主义现代化强国和实现“两个一百年”奋斗目标的必然途径,也是实现中华民族伟大复兴中国梦的必然选择。

(三)“双万计划”是高校专业竞争的必然之举

在2019年1月全国高教处长会议上,教育部高等教育司司长吴岩指出,我国建设高等教育强国就是要做好“四个一流”的统筹,即:一流大学是目标,一流学科是条件,一流本科是根本,一流专业是基础。没有一流本科,建设一流大学缺乏内核;一流本科专业是基础,因为一流本科专业是一流人才培养的基本单元。只有真的把课程、教师、教学、学生及教学方法技术都在专业这个平台上整合好,把专业建扎实,把一流本科办好,才能培养一流人才。高校应该重视并加强一流本科专业建设,把本科专业建设放在“双一流”建设的同等高度。目前高校分层体系已经逐渐从“211”“985”转向“双一流”—世界一流大学、一流学科。未来高校在人才培养、资源配置方面竞争的焦点将是“双一流”,而支撑“双一流”建设的基础则在专业建设。对于大多数“四非”院校而言,未来学校发展、竞争力提升的关键在于专业建设水平。普通院校获得“双万计划”支持后,其在专业领域将获得显著的竞争优势。

三、科学建构金融学专业“一流”的指标维度

评价一个专业是否为一流,评价标准一般主要有以下几个方面:一流的专业培养目标、培养计划和专业课程体系;一流的教师队伍;一流的教学水平与保障条件;一流的人才培养质量;一流的社会声誉。这也构成了一流专业的评估指标体系及评价方法。

一流的专业培养目标、培养计划及其专业课程体系是建设一流专业的基石,没有科学的专业培养目标、培养计划及其专业课程体系,一流的人才培养便是无源之水、无本之木。

一流的教师队伍是一流专业建设的关键,尤其是高水平的学科带头人和教学科研团队,更是引领专业走向一流的主力军。一流大学和一流专业的发展经验告诉我们,有什么水平的教师队伍就有什么样的专业和学科,有什么水平的专业和学科就有什么水平的学院和大学。因此,一流专业是一流学科的基础和保障,一流的教师队伍则是一流专业的核心支撑。

一流的教学水平与保障条件是培养一流学生和打造一流质量的基石,也是评价一流专业建设是否成功的标准之一。一流的教学水平及保障条件不仅可提升专业发展的硬实力,而且也利于推动一流专业建设和一流学生的成长。

一流的人才培养质量是展现一流专业成果的重要标志,也是高等教育一切工作的出发点和立足点,彰显的是高等教育的价值所在。

一流的社会声誉是高校健康持续发展的外部保障。高校的核心工作,一是育人——培养什么样的人,为谁培养;二是创新——不只是科学技术创新,更需在方方面面体现创新精神、引领创新潮流;三是文化——要有文化积淀,有人文情怀。在育人、创新、文化传承过程中,高校所形成的社会声誉将成为学校共同体的精神之源。

基于上述五个维度,本文对金融学一流专业建设的“一流”指标体系设定为表 1 所示。

表1 金融学一流专业建设指标体系

一级指标	二级指标	注释
师资队伍	师资总量	专业师资人数
	博士比例	博士学历占比
	海归占比	海外取得博士学位占比
	国际交流占比	境外长短期访学、交流人员占比
	人才层次	各级、各类人才计划入选人数
课程体系	核心课程数量	专业核心课
	课程获奖	课程在国家、省市、学校获奖情况
	慕课建设数量	慕课上线数量
	慕课建设质量	慕课选课人数、获奖情况
	教材出版	教材出版情况
	教材获奖	教材入选各类出版计划情况
人才培养	人才培养数量	本、硕、博在校生、毕业生人数
	学生学科竞赛获奖数量	专业赛事获奖人次
	学生论文发表数量	公开发表学术论文篇数
	学生荣誉称号数量	各级各类荣誉称号数量
	生师比	专业在校生人数/教师人数
	毕业率	符合毕业条件人数/当年应毕业人数
	就业率	实际就业人数/毕业生人数
	深造率	(国内深造+国外深造)/毕业生人数
资源保障	实验室数量	普通及专业实验室数量
	实习实践基地数量	各类金融机构实习基地数
	国际交流项目数量	国际访学、联合培养项目数量
社会声誉	专业排名	学科专业排名
	用人单位满意度	追踪调查数据
	毕业生满意度	追踪调查数据
	媒体关注度	正向新闻报道数量

四、精准定位金融学一流专业建设的实现路径

以习总书记新时代教育思想为指导,金融专业建设与国家战略、市场需求

密切结合，实现跨界协同、供需联动，营造全方位、立体化的育人生态系统，不断打造“新文科”建设高地，引领智能时代金融一流专业建设潮流。利用国家和北京市一流专业建设资金，未来以人才培养为核心，以师资队伍建设、课程体系建设、资源保障保障为支柱，努力提升学院金融学社会声誉，将金融学打造为国家级一流本科专业。

（一）打造一流的师资队伍

目前，学院师资总量达到 70 人，海外归国教师数量大幅增加，达到 12～15 人。赴海外交流老师达到 15 人，有海外交流经历教师比例超过 85%。通过长聘、短聘、兼聘等多种形式，引进海外师资 20 人次，来自国内外知名金融机构兼职师资达到 50 人。新增国家级人才计划 1～2 人，北京市人才计划 6～10 人，学校人才计划 15～20 人。5 年内教师人均培训 1～2 次。与国内一流院校、科研机构、企业共同组建虚拟教学团队，提高“双师型”教师比例。

继续打造国家发展战略、北京发展战略研究智库，5 年争取获批 15～20 项国家级课题，发表 40 篇权威论文，出版 19 本教材（含 4 本金融科技类教材），出版 5 部教改论文集。

（二）建设一流的课程体系

打造契合金融科技创新发展需求的课程体系：按照国际一流金融专业标准建设 8 门金融核心课程，建设 MOOC 在线课程、案例集、试题库等教学配套资源；建设 9 门英文班核心课程，引进美国 MIT、Coursera 等国际一流在线金融课程；构建与金融科技时代接轨的金融专业课程体系，将互联网、区块链技术、大数据、人工智能等金融科技课程引入课堂，与信息学院等合作建设 4 门金融科技相关教材；以培养方案为载体，以课程设置为抓手，打造满足北京经济社会发展需求以及金融行业企业发展需求的一流课程体系。

（三）开展一流的人才培养

未来 5 年，拟培养本科生 1 300 人、硕士 500 人、博士（普招）40 人。其中，本硕博贯通培养班 50 人以上，打通本硕博人才培养，探索金融高端人才立体培养新模式；国际金融英文班 150 人以上，培养外语流利，具有国际视野的金融专业人才；国内高校交叉培养 200 人以上，与国内高校交叉培养，推动跨校合作。

将思想政治教育融入专业课程建设、学生活动等教育、教学过程；打造金融科技等培养方向，深化国际交流，新增“2+2”“3+1”等联合培养项目，学生国际交流比例提高到15%～20%。结合北京市教育发展战略培养金融人才，与中央财大共同培养互联网金融、保险与风险管理专业本科生；与对外经贸大学共同培养投资学专业本科生，拓展至天津生源；与美国、英国、加拿大等国知名高校合作，联合培养金融专业本硕博学生。

进一步落实本科生导师制，充分发挥教师的指导作用。未来5年，指导本科生发表核心期刊学术论文50篇以上，国家级竞赛获奖15～20项，省部级竞赛获奖100人次以上。本专业毕业生将满足智能时代下北京金融行业发展的人才新需求，满足北京多层次金融人才需要。

（四）完善一流的资源保障

1. 建设一流的金融科技实验室。建设具有前沿性、复合性、开放性特点的金融科技实验室，打造集教学、科研、模拟案例演示与制作、金融风险及突发事件仿真、交易场景再现、高性能金融计算设备操作于一体的科技金融教学实训平台，满足金融、数学、计算机等科技金融相关课程教学及实验活动需求，满足我校需要借助高性能与开展人工智能计算功能团队协作型教学方式的实践教学课程需要。实验室具备本科教学、研究生教学、金融职业培训、科研产出、成果交流、政府与社会服务等多种功能，为北京建设成为世界一流城市的战略目标培养创新型金融高端人才。

2. 开拓境外资源：①建立国内外访学制度，尤其重视与国内高水平学术机构和专业机构交流，鼓励教师交流；②鼓励科研、案例中国化，鼓励中英文出版并推广；③拓展与高校和机构合作，高校方面，拓展与5所世界一流大学的合作；机构方面，进一步深化与世界银行、国际货币基金组织等机构的合作。

3. 开拓境内资源。高校方面，拓展与中国人民大学、中央财经大学、对外经济贸易大学、上海财经大学、西南财经大学等院校的深度合作；机构方面，进一步深化与中国社会科学院、中国科学院、一行三会等机构的合作；实习基地方面，在中国工商银行、中信证券、中国人寿等基础上新增10家银行、证券、保险等金融机构实习基地，进一步搭建复合型人才培养平台。

4. 整合校内资源。建设智慧教室,建设完备的金融数据库,升级原有的数字化金融实验室。购置专业金融软件,建设完备的金融数据库,提升金融实验室建设水平。进一步打造金融风险研究院、京津冀金融研究联盟、中美金融研究中心等智库,高度重视北京、京津冀协同发展智库建设,搭建创新型人才培养平台。

(五)赢得一流的社会声誉

持续打造专业吸引力,使金融专业排名、用人单位评价排名保持领先,并使本科招生分数进一步上升。本科深造比例力争达到60%以上,其中进入国内外知名高校深造占80%。在校生满意度99%以上,用人单位对毕业生满意度4.5分以上。

五、努力落实金融学一流专业建设的关键举措

(一) 立德树人、以本为本,打造金融专业“新文科”高地

坚持“人才培养是本,本科教育是根”。以课程建设为抓手,将大数据、区块链、云计算、人工智能等技术融入人才培养,开设机器学习理论(双语)、金融计算机语言(Python)等课程,不断优化学生知识结构,增强实践创新能力,更好满足市场对高端化、差异化金融人才的需求。

(二) 强化课程建设,全力打造金课

首先是打造核心课程群,包括8门核心课程(金融学、公司金融学、投资学、国际金融、衍生金融工具、商业银行经营管理、固定收益证券、保险与风险管理),9门量化金融课程,10门全英课程。6门核心课和2门特色课程已在中国大学慕课(爱课程)上线,推进2门虚拟仿真实验项目建设。

其次是组建核心课程组,由经验丰富的学科带头人领衔,形成“一人多课、一课多人”的交叉型课程教学团队,注重核心课程线上、线下同步建设(如慕课建设与混合式金课同步进行)。

最后是加强教材建设,引入国外经典教材,推进教材本土化,打造金融学精品教材。目前,《金融学》《商业银行经营学》《保险学》等已被评为北京市精品教材。

(三) 创新课堂教学方法,推动课堂教学改革

坚持业界专家进课堂,实行本科生导师制。建设智慧教室,推进翻转教学。

课堂考勤、课堂互动、课堂考核、课后答疑、课程评价实现网络化、实时化,借力信息手段助推课堂教学革命。

(四)加强实验室建设,推动信息技术与课堂教学深度融合

学院投入资金 200 万元,升级数字化金融实验室,新建金融科技实验室,购置专业软件和 60 台高性能计算(深度学习)服务器辅助科技金融教学实验,每学期惠及 1 000 人次以上。

(五)师资引进与培养

一是建立双轨制人才引进机制,探索高水平师资柔性引进机制。完善教师传帮带机制,为新入职教师选定资深教师做导师;健全国外访学交流机制,通过各种渠道每年选派 3~5 名教师到国外访学;拓展国内访学交流机制,鼓励教师到国内高校访学交流。二是师资激励与提升。加大各级、各类人才培养力度,完善人才激励机制,鼓励优秀人才脱颖而出。此外,建立人才培养型教授评定通道,健全校院两级教学科研激励制度。

(六)课程组建立与完善

学院组建 8 个核心课程组,制定工作规范,明确课程建设、教材建设、教改研究的主体责任。2017 年起,每个课程组投入建设经费 50 万元。各系每两周开展教学检查、研讨、交流活动。

(七)以制度建设为重点,健全教学质量保障体系

一是完善教学质量监控体系,建立院系两级监控,构建标准统一、反馈及时的监控体系;二是强化教学质量保障组织建设,建立专兼结合、分工协作的教学督导和教学管理队伍。

(八)以过程监控为抓手,强化教学质量约束机制

一是实施教学自评、自查机制,包括:定期开展专业自评估;期初、期中、期末分重点开展教学检查;建立院内督导和教学通报制度。二是建立帮扶机制,建立约谈制度,对评教成绩不佳的教师,督促整改,同时组织教学督导听课,帮扶引导。

(九)以先进典型为引领,完善教学质量奖励机制

一是表彰优秀教师,开展教学名师、教学优秀奖、教学贡献奖、优秀指导教

师等评选;二是举办青年教师教学比赛,定期举行教学观摩活动,奖励先进,树立教学榜样。

(十)以学生反馈为契机,不断营造追求卓越的质量文化

利用毕业生跟踪调查结果,优化课程设置、教学内容、教学方式,提高教学的针对性、实用性,营造以本为本、追求卓越的质量文化。

参考文献:

[1] 高圣伟. 工程教育认证毕业要求指标点支撑设计与优化[J]. 高教学刊,2019(11):23-26.

[2] 李红,王春枝,欧阳勇. 以实践创新能力培养为主的计算机专业人才多元化培养体系[J]. 计算机教育,2017(6):28-31.

[3] 高圣伟,刘晓明,李龙女. 工程教育认证毕业要求指标点支撑设计与优化[J]. 高教学刊,2019(11):23-26.

"一流专业"背景下本科生科研能力塑造机制研究①

郝思源

摘　要：随着教育部"一流"概念的提出，打造一流专业、培养一流人才，成为新时代高校的奋斗目标。不论是专业建设还是人才培养，根本在于研究能力的培养。研究能力的强弱，决定专业发展的深度和广度，也决定了培养人才的层次。因此，高校人才培养模式及创新管理机制成为改革创新的热点。本文以金融学为例，探究应以何种方式培养社会所需人才，提升培养品质，并在此基础上，有针对性地提出改革方法，为塑造学生能力提出具有实践意义改革举措。

关键词：一流专业，人才培养，科研能力

随着九年义务教育全面普及，我国高等教育规模不断扩大，已从精英教育逐步走向大众教育。本科教育作为我国高等教育最重要的一个阶段，是衔接中等教育与研究生教育的重要纽带。"少年强则国强"，青少年素质直接影响我国综合国力发展的速度与水平，而高校正是培养青少年现代综合素质的摇篮。因此，本科教育的发展建设成为社会各界关注的焦点，也对人才质量提出了更高的要求，高品质的本科教学已成为世界范围内高等教育的普遍诉求。

2016年，教育部提出创建"双一流"大学，即建设世界一流大学和一流学科。所谓"一流"，重点在于学科建设，而学科建设的一个重要体现是科研能力，核心则在于培养学生的理论研究和实践应用的能力。科研能力的竞争不限于学科专业研究能力，而是涵盖理论研究能力、学习应用能力、社会技能和适应能力等多个方面的综合能力的竞争。培养学生优秀且全面的科研能力，有利于提

① 本文得到2018年首都经济贸易大学校级教改青年项目"'一流专业'背景下本科生科研能力塑造机制研究"项目的资助。

作者简介：郝思源，首都经济贸易大学金融学院教学秘书，研究方向：金融学、教育管理。

升学科水平,优化人才培养,形成树立学科品牌和向社会输送优良人才的双赢局面。

一、本科生科研管理制度的发展历程

1969 年,美国率先创立了本科生科研教学计划,鼓励、支持本科生参与科研项目,在科研训练方面成效显著。1989 年,清华大学借鉴、引入了这一模式。1999 年,《教育改革推进素质教育的决定》的颁布表明本科生科研训练模式在国内落地生根。随着国内外本科生科研模式的逐步发展,已形成了各具特色的管理模式。

高校开展本科生科研活动,初衷是为了帮助学生们将所学理论知识转化为应用能力,通过科研活动,锻炼其逻辑思维能力和研究思考等。基于这一目标导向,国内外高校均鼓励本科生在接受教育与科学研究的过程中要立足于实际,满足市场需求。在本科生科研管理方面,管理和组织形式基本一致,如鼓励学生以小组形式参加活动,或者依托于某一科研机构或者项目开展研究等。

但国内外高校在本科生科研活动的具体实施和激励机制等方面,也存在一定的差异。

(一)科研项目的来源

科研项目是学生参与科研活动从中获得能力发展的重要平台。科研项目的来源越广泛,成果就越丰富,也更有可能带来更好、更突出的科研成果。在这一点上,国外高校的项目来源较为广泛,不仅大学内部会提供很多校级研究项目,还有很多社会团体或政府为主导的研究项目。比如,美国休斯敦大学的"本科生研究经验计划(REU)"就是由美国国家基金委员会所创立,用于鼓励和资助本科生参与科学研究活动。此外,国外还有很多由企业等非政府学术组织直接设置的本科生科研项目。我国大学本科生的科研项目更多的是学生跟随导师做项目,或者参与校内本科生大科创项目等,资金大多来源于校内。而这也是我校面临的问题。

(二)资金的拨付与激励

如上文所述,国内高校的本科生科研项目大多限于校内,资金也主要由学校直接拨付。从资金管理看,更多的是政府来承担激励的角色。而国外高校的资金来源广泛的同时意味着渠道更为多元化,如企业资助、校友捐助、社会组织直接赞助等,还有多家企业共同设立的专项基金,如 MIT 的 UROP 专项基金。

国内大学对于科研项目的激励大多是通过项目完成后的评奖进行激励。激励措施主要是给予学分或者奖金。比如,我校学生的大学生科研创新项目申请通过并且完成,可获得 2 000~4 000 元奖金,若在挑战杯竞赛中获得名次,则可获得 1 000~3 000 元奖金。此外,参与学术性会议并且发表论文或者文章的也可以获得相应奖励。中国科技大学 URP 项目结题评优奖金为 1 000~2 000 元,可见,国内高校一些资助的金额大致处于同一水平。而国外高校更注重项目申请时学生的表现,并据此进行研究经费与奖学金的分配。这在一定程度上有助于学生们在科研上投入热情,也有利于限制学生"搭便车"的行为。此外,由于国外资金的来源多元化,资助力度相对较大(见表 1)。

表 1 国内外大学本科生科研项目激励比较

大学名称	科研项目	资助力度	持续激励
首都经济贸易大学	挑战杯	2 000 元	在挑战杯竞赛中获奖可获得奖金 1 000~3 000 元
浙江大学	SRTP	500~1 000 元	优秀项目可申报成果奖
加州理工学院	SURF	6 000 美元	—
加州大学伯克利分校	HSP	12 600 美元	—

(三)科研项目设置的理念

对于科研项目,国内外大学均希望通过科研项目的开展,将教育与科研结合,以提高学生的科研能力。但在具体的管理、激励措施方面体现出了国内外培养理念上的不同。国外大学不仅注重大学生科研能力的培养,同时学校希望老师借助科研项目与学生之间建立起伙伴关系,并激发学生的兴趣,而国内则偏重于科研能力。国内高校更注重后端的激励,而国外则将资源用于学生在科研过程中的训练和探索。

(四)师生互动方面

师生间的互动影响教育的质量,师生互动的强度愈高学生的学习体验越好,收获也越多。加州大学伯克利分校设立有校长本科生研究奖学金项目,鼓励学生独立自主开展科研工作,而不是参与教师的项目,学生带着自己开展科研工作遇到的问题与老师交流探讨。而国内大多项目由教师提供制度设计,教师对学生的关注程度较高。与此同时,国外大学教师指导学生科研不仅教授科研经验,还会与学生进行更为深入的交流,探讨科研选择与未来规划等。而国内师生的科研项目交流更多侧重于项目本身,缺乏其他有深度或广度的探讨。美国斯坦福大学的 REU 计划,每周邀请一位教师为其所在院系参与该计划的学生讲述自己的学术历程和人生经历。

二、我校本科生科研能力培养的现状及问题

"双一流"理念的提出对我国各高校师生的科研及教学水平提出了更高的要求。我校金融学专业于 2017 年获批北京市首批一流专业。在此背景下,我校"挑战杯"、"千帆杯"、大学生科研创新创业实践项目等不断推陈出新、加大奖励,激励本科生对科研项目的热情。效果显而易见,我校本科生的科研热情较之前明显高涨,参与人数显著增加,在高水平竞赛中获得的成绩更加优异。

与此同时,鼓励本科生参与科研项目方面依然存在很多问题:

(一)传统课堂难以满足知识更新速度

"互联网+"时代,创新思维在现代社会中发挥的作用越来越大,现代社会对于人才的需求也不再局限于掌握理论知识,更重视对学生综合素质和自身发展的考量。传统课堂,更新速度慢,传授效果差,靠教师灌输知识学生不能有效发散思维,对未知领域缺乏探索精神,不利于学生创新思维和科研能力的培养。加之培养方案设置受限,很多课程难以根据实际情况灵活调整,导致知识"脱节"的现象频发。

(二)管理体系和奖惩机制落后

目前我国高校学生成绩评定方面,绝大多数还以绩点来评判学生。这导致部分本科生,期末考试考前突击,平时作业网络抄袭,仅凭课堂出勤率高、期末成绩好就可以获得好成绩。而科研项目一般持续时间较长且需要投入大量精力,又不在学校考核评定范围内,这导致学生的机会成本和沉没成本太高,即使愿意参与科研活动,还会出现很多"搭便车"现象,打击学生的积极性与科研热情。

(三)科研项目重申请轻结项

设立校级的科学研究项目一般是为了通过项目的申请及执行,有效训练、提升学生的科研能力。但在实践中,很多学生在立项申请时,花费大量精力查阅资料、请教老师,但项目申请成功后,则很少能够严格按照申请书执行,大多是流于形式,在执行过程中投入精力较少,导致科研项目并没有达到预期效果,学生的科研能力也没有得到有效的锻炼和提高。而目前学校层面也缺乏有效措施或手段来控制,某种程度上说是经费的浪费。

三、对策建议

教学改革需要针对整个教育体系,而国内的教育体系是多重矛盾关系的结合体。

我国高等院校教学与科研两方面的矛盾、冲突十分明显,教师既要做好知识的传授,还要做好科学研究,追求鱼与熊掌兼得。不论学生还是教师,更倾向于对专业课程投入更多,对待通识课程则存在敷衍心态。

(一)调整本科科研激励机制

1. 加大科研经费投入,放宽科研经费使用限制,简化财务报销审核中过于冗长复杂的流程,提高科研资金激励力度,确保科研项目稳步进行。

2. 除了根据学生申请科研项目难度、申请答辩情况进行项目资金的拨付和奖励外,更应该关注科研项目的进展状况,可根据项目进展追加奖励资金。

3. 重视科研项目结项成果,可对结项奖励资金划分等级并对学生科研结项结果进行评选,根据评选等级相应拨付奖励资金。

4. 设立科研学分,在奖学金申请、研究生推免、国际交流等项目上给予优先考虑。

5. 明确导师绩效奖励,可按科研成果等级对导师进行相应嘉奖,在导师评优上实行倾斜。

(二)建立本科生科研专题班

根据学生的专业、兴趣、成绩等,遴选出对科研感兴趣并具有一定科研能力的学生,组建成科研专题班。导师带领科研班进行讨论,规范考勤及激励制度,制定合理的考核淘汰机制,保持科研班的科研能力,帮助本科生更好地提升科研素养。

(三)建立本科生导师制度

1. 遴选科研能力较强、具有科研兴趣的导师作为本科生导师,壮大导师科研队伍。导师选拔具有科研能力和兴趣的学生组成“导师+本科生”科研小组。定期对科研班授课,指导本科生的学术论文,提供科研选题,培养学生科研素养。

2. 完善教师的创新型人才培养激励机制,实施灵活的管理机制,汇聚优良创新人才,构建更合理的薪酬机制。例如,设计多元化绩效工资模式,提升绩效工资比重,将薪酬标准分为不同等级,以此调动教师对于本科生教育教学的积极性和创造力。

(四)扩展科研项目来源

1. 丰富校内科研项目来源渠道。由导师指导,激发学生创新思维,多维度开展科研课题研究。

2. 构建“学校+政府”模式。学校与政府合作,由政府设立基金项目,学生将相关政策难题、亟须解决的事项等作为自己的科研项目。

3. 构建“学校+企业”模式。学校应加强与企业的联系、合作,了解企业相关需求,由企业提出科研项目课题,学校组织学生进行科研项目研究,项目成果由参与人共享。真正做到产、学、研相结合。

(五)改善教学管理体系

1. 跟随时代发展潮流,及时更新教学方案。在课堂理论教学的基础上,关注学科发展的最新动态,将理论知识与实际情况相结合,多与企业沟通,关注行业动向,注重培养学生的思考能力。

2. 定期邀请专业领域内知名教授和行业内知名校友开展专题讲座活动,让学生了解前沿理论知识,激发学生的科研兴趣和动力。

3. 鼓励教师在指导本科生科研时,不定期到相关企业进行调研访学,了解公司的运行机制,探查行业动态,了解实际问题,将课堂与实践相结合,在课堂上突出专业独有特色,使学生的科研能力与社会接轨,培养出企业与社会真正需要的人才。

（六）转变教学理念，改善教学方法

关注学生的全面发展，树立“一切为了学生发展”的思想，摒弃传统的以教师为主体的授课方式，明确以“学生为主体、教师为主导”的教学模式。注重教学质量，授课过程中不应该只关注讲课的内容与进度，还要考虑学生的接受程度，留意学生提出的问题是否得到了解决，理论知识是否转化为实践能力。

教师应根据不同类型、不同层次课程的特点，灵活运用多种教学方法，将现代信息技术融入教学，采用启发式教学和探究式学习方法，引导学生对于学术研究的热情，对于学生参与的科研项目进行积极的指导，充分调动学生科研积极性，培养学生求知探索精神。

（七）因材施教，注重创新

教师应根据学生不同的成长规律，在课程设置与选择、教学环节的设计与要求等方面，注重共性与个性、统一性与灵活性的结合，尊重学生在基础能力、兴趣特长、发展方向等方面的差异，实行分层次、分类型培养，促进学生的个性化成长，为不同类型的学生谋划个性化发展的道路，因材施教，充分发挥学生个人兴趣专长。

具体来看：第一，转变单一纯粹的知识性学习，注重提升对于知识的创造与发现能力；第二，强调和真正落实学习者在教育教学过程中的主体地位。在培养过程中为学生提供自主学习空间，注意锻炼其创新思维，提高自主创新能力，激发创新精神，增强其创新素质。

（八）自身积极性的调动

反观本科生自身，更多的是要调动个人积极性，树立正确的学习观念、明确自身的学习目标、拓展自我的学习方式。可以主动参与学术讲座和报告，真正进行学术性的探讨，为日后的学术工作奠定基础。当然，专题研究和写作也是本科生应该重视的，学生要学会在学习中研究，将学习与研究结合起来，通过作业、参与教师课题等方式进行专题研究，并通过写作将专题研究得到的东西表达出来，达到为创作而学习的主动学习的境界。

参考文献:

[1]王飞,赵雨寒. 新时期推进本科教学改革的路径探析[J]. 现代教育科学,2019(8):121-126.

[2]韩占兵. 应用型本科高校“商业银行经营管理”教学模式改革[J]. 现代企业,2019(11):129-130.

[3]敖贵艳,胡明扬. 财经类院校教学改革探析[J]. 教育观察(上旬刊),2015,4(3):22-23.

[4]谢和平. 以创新创业教育为引导,全面深化教育教学改革[J]. 中国高教研究,2017(3):1-5,11.

[5]杜洋. 浅析信息化背景下高校教学改革面临的机遇与挑战[J]. 中国教育学刊,2015(S1):131-132.

[6]孙启明,洪星星. 论构建可持续改善的本科教育体系[J]. 北京教育(高教),2018(9):39-42.

[7]姜长宝. 本科生科研能力培养的途径与方法探讨[J]. 科技管理研究,2010,30(8):152-154.

[8]黄丹艳. 中国研究型大学本科生科研能力培养措施研究[D]. 长沙:中南大学,2009.

[9]郦浩. 国内外本科生科研训练计划的比较研究[J]. 教育学术月刊,2014(5):106-111.

[10]唐慧莹,胡欣芮. 本科生科研能力培养途径探析:以西南石油大学双一流学科建设为例[J]. 当代教育实践与教学研究,2019(9):69-70.

[11]丁里宁,汪昕. 优秀本科生科研创新能力培养模式探讨[J]. 教育教学论坛,2019(42):112-113.

[12]刘占军,侯维娜. 本科生科研能力培养研究[J]. 科学咨询(科技·管理),2019(11):98.

[13]姜永正,杨大炼,郭帅平,等. 基于科研小组式模式的机械专业本科生科研能力培养初探[J]. 教育现代化,2019,6(70):12-14.

[14]陈金伟. 贸易经济专业学生培养模式创新的有效尝试:记 2017 首届

贸易经济专业学生论坛[J]. 南京审计大学学报,2017,14(6):106-108.

[15]侯宇新,鄂文. 学生差异性扩大及社会需求变化背景下的高校教学改革对策[J]. 教育探索,2005(7):27-28.

人工智能在量化交易中的应用①

张　萍

摘　要：人工智能赋能下的量化交易，正在受到资本市场和投资者越来越多的关注。量化交易领域的人工智能主要是通过机器学习实现的，人工智能使投资策略更加丰富，如AI算法对于非线性模式的因子挖掘在多因子领域比传统线性多因子模型更加敏锐。人工智能芯片的快速发展，保证了机器学习算法的实现。

关键词：量化交易，机器学习，人工智能，大数据

一、引言

人类正在走向智能时代，新一代人工智能已在全球范围内蓬勃兴起，深度学习的代表Alpha go战胜了世界围棋大师，标志着新一代人工智能更加接近于人类智能。人工智能技术的不断发展，正在对金融行业进行颠覆性重塑。量化交易更是金融行业的"黑科技"，以先进的数学模型替代人为的主观判断，减少投资者情绪波动的影响，避免其在市场出现极端走向的情况下作出非理性决策。量化投资与人工智能的结合绝不是偶然。人工智能以大数据为基础，尤其适合应用于金融市场这样数据信息量大、特征维度高、相互关联关系复杂的环境。金融市场的海量结构化数据、超越人脑的复杂网络组合与人工智能的深度学习技术可谓是天作之合。人工智能赋能下的量化交易，正得到资本市场和投资者越来越多的关注。

二、量化交易的发展现状

从2017年开始，我国产业政策的重点已经从人工智能技术转向技术和产

① 本文为"2019年促进高校内涵发展定额—校级教改立项（2019年）大学生批判性思维能力培养"基金项目成果。

作者简介：张萍，首都经济贸易大学金融学院，经济学博士，讲师。

业的融合。2017 年出台的《新一代人工智能发展规划》明确指出:必须加快人工智能深度应用,培育壮大人工智能产业,为我国经济发展注入新动能。分三步走:第一步,到 2020 年人工智能总体技术和应用与世界先进水平同步;第二步,到 2025 年人工智能基础理论实现重大突破,部分技术与应用达到世界领先水平;第三步,到 2030 年人工智能理论、技术与应用总体达到世界领先水平,成为世界主要人工智能创新中心,智能经济、智能社会取得明显成效,为跻身创新型国家前列和经济强国奠定重要基础。李开复在他的著作《人工智能》里说,“金融行业是 AI(人工智能)目前最被看好的落地领域。机器学习将会被用于模拟、识别、分析、自动化、预测、高频交易”;“未来 5 年,算法-量化交易策略将会取代人类,主宰资产管理领域”。其理由包括:各垂直行业相比较而言,金融是全球大数据积累最好的行业;银行、保险、证券等产业,其本身业务就是基于大量数据和统计来开展的;金融行业也非常注重数据的规范化、采集自动化、存贮、集中和共享。2017 年 5 月,摩根大通发布了一份题为《大数据与人工智能战略:机器学习和其他投资数据分析方法》(Big Data and AI Strategies: Machine Learning and Alternative Data Approach to Investing)的报告,对人工智能及其对金融领域的影响进行了全面的阐述。报告指出,人工智能量化技术将成为未来金融业的主流方法,帮助投资者处理、分析、理解数据,指导投资决策。因此,我们必须发展人工智能投资系统,以迎接金融数据化、智能化时代的到来。

量化交易是最近 10 年来国际投资界兴起的一个新理念,发展势头迅猛,和基本面分析、技术面分析并称为三大主流方法,涉及数学、统计学、信息技术等诸多领域,运用多学科知识对投资全过程进行更好的管理。量化交易在国外已经发展了 30 多年,以西蒙斯为代表的国际顶级团队,通过构建数量化投资获得了无数超额收益,量化投资更具纪律性、系统性的特点,使得其规模和份额不断扩大,得到了越来越多投资者的认可。美国业绩排前 20 名的对冲基金,包括桥水基金、索罗斯基金,全部采用计算机根据算法自动交易。接下来的 10 年,机器人投资顾问管理的资产将达到 5 万亿美元。在人工智能的浪潮下,包括高盛、摩根大通等各大顶级投行和金融机构纷纷转型和布局人工智能,大批交易员和分析师被自动算法取代,越来越多的公司依赖算法进行投资决策,而不再求助于具体的人。2015年之后，国内规模和业绩靠前的量化投资管理人，尤其是私募量化投资管理人，都或多或少地将机器学习、人工智能方法应用于自身的策略模型中。从公开的宣传资料可以看到，机器学习和人工智能方法已经较多地应用在多因子模型当中，在因子挖掘、因子融合方面贡献颇多。

三、人工智能在量化交易中的应用

量化交易领域的人工智能，主要是通过机器学习实现的。机器学习方法包含监督学习和无监督学习以及强化学习。监督学习由使用者给出特征和标签，由算法挖掘规律，学习一个模式，并且根据此模式预测新的特征所对应的标签。监督学习主要包括分类和回归。在分类中，机器被训练成将一个组划分为特定的类。最典型的例子就是垃圾邮件过滤，分析以前的垃圾邮件，并将其与新邮件比对，当达到某一配比原则时，将其归类为垃圾邮件。回归，是指用已有的数据预测未来，例如对天气进行预报，对股票价格走势进行预测。广义线性模型、线性判别分析、支持向量机、决策树和随机森林、神经网络、K 最近邻算法在内的众多监督学习应用最为广泛，并且学习效果较好。无监督学习不给出标签，由算法仅仅根据原始特征寻找模式，挖掘数据自身蕴含的规律。无监督学习分为聚类和降维。聚类用于根据属性和行为对象进行分组。这与分类不同，因为这些组不是提前提供的。聚类的一个例子是将一个组划分成不同的子组（例如基于年龄和婚姻状况），然后应用到有针对性的营销方案中。降维通过找到共同点来减少数据集的变量。大多数大数据可视化使用降维来识别趋势和规则。

强化学习是一套符合生物行为规律的用来指导智能体学习的框架。它将智能体的学习行为抽象为一个闭环过程。在这一过程中，智能体（Agent）通过观察环境（Environment）的状态（State），做出一个行动（Action），环境会因为这个行动而改变自己的状态，同时也会给予智能体一个奖励或惩罚（Reward）。智能体可以通过这样一系列的反馈纠正自己的决策过程，从而学习出一套能够获得最多奖励的策略。强化学习可以考虑应用最优化动态调整流动资产配置问题（对单一资产的持仓与否或对多资产的配置比例）。

在量化投资中引入机器学习方法主要有两方面的原因。一是传统的量化方法的效率下降。传统的量化模型从20世纪50年代 Markowitz 的均值方差模型开始到因子模型的兴起,已在全世界的量化投资领域得到广泛应用,也取得了非常辉煌的业绩。伴随投资理论的不断发展以及金融市场的不断完善,传统的量化方法也遇到一些问题,目前寻找新的盈利因子越来越困难,机器学习方法能够找到更好的投资方法。传统的量化投资策略是通过建立各种数学模型,在各种金融数据中试图找出市场的规律并加以利用。无论是根据人的经验判断,还是通过经典的数学模型,所能及的模式都是有限的。从探寻股票市场的全局来看,人类积累经验的研究可以接近某一个局部的最优,而真正全局的“最优解”或许超出了目前传统量化所能及的范畴。对于市场中蕴藏的复杂的非线性规律,很难通过传统数学模型进行挖掘。对于海量数据的挖掘,囿于计算机运算能力的限制,如果不利用数据挖掘算法,往往需要耗费大量时间。人工智能能够提供非线性关系的模糊处理,弥补了人脑逻辑思维模式的单一性,同时,如果再加以利用相关算法,可以大幅提高规律的搜索效率。人工智能的引入也使得投资策略更加丰富,如 AI 算法对于非线性模式的因子挖掘在多因子领域比传统线性多因子模型更加敏锐。二是机器学习实现难度降低。机器学习的实现难度在算法、算力、数据三个维度上全面降低。人工智能芯片的快速发展,保证了机器学习算法的实现。机器学习的基础是大数据,实现的路径是云计算。只要有充足的数据、足够快的算力,得出的“结果”,就会更加准确。

人工智能的发展,需要经历机器辅助人-机器与人合作-机器完全自我学习三个发展阶段。完全强化学习虽然在围棋中取得突破,但其受适用环境约束,离普适还有相当距离。可以预见,在未来相当长的一段时间内,将会是人与机器融合的模式。对于量化交易来说,将会是专业投资者的智慧与人工智能相融合。人脑的经验常识、抽象思维、情感思维是目前的 AI 不具备的,而 AI 的模糊运算和计算能力也是人脑所不能企及的。“AI+”量化投资模式将会成为人工智能应用于量化交易中的发展方向。从长期来看,人类距全面 AI 还很遥远。这一方面是由于 AI 学习的效果和数据的质量有很大关系,我国 A 股市场发展的时间还不长,数据量不够充足,噪声也比较多,使得 AI 学习效果的稳定性不能得到充分的保证。另一方面,脱离人类经验的完全强化学习,目前仅在有特定约束条件环境下成功运用,离广泛应用还有距离,深度学习、强化学习等技术仍需要 GPU、TPU 等硬件技术发展的支持。

参考文献：

[1]李斌,邵新月,李玥阳．机器学习驱动的基本面量化投资研究[J]．中国工业经济,2019(8):61-79.

[2]黄乃静,于明哲．机器学习对经济学研究的影响研究进展[J]．经济学动态,2018(7):115-129.

[3]苏治,卢曼,李德轩．深度学习的金融实证应用:动态、贡献与展望[J]．金融研究,2017(5):111-126.

[4]李斌,林彦,唐闻轩．ML-TEA:一套基于机器学习和技术分析的量化投资算法[J]．系统工程理论与实践,2017,37(5):1089-1100.

[5]袁峻峰．当金融投资领域遇到机器学习[J]．人工智能,2018(5):56-61.

“互联网+”背景下金融风险管理慕课建设①

周　晔　王亚梅

摘　要：互联网技术的快速发展以及与金融行业融合程度的不断加深，导致金融行业面临诸多新型风险，但是传统的金融风险管理课程大多对此情况视而不见，导致学生知识结构断层、相关行业人才短缺。本文根据首都经济贸易大学在金融风险管理课程上出现的具体问题进行分析，结合当前大学生所需的课程教授方式，运用互联网技术，提出相关慕课建议，期望通过教学资源的开放共享，解决相关教学问题。

关键词：金融风险管理，慕课，教学改革

近年来，随着互联网技术高速发展，互联网与金融的融合正在不断刷新人类的认知，颠覆人们的生活。P2P 网贷打破了传统的存贷款方式，方便中小微企业融资；移动支付的出现彻底解放了钱包，便捷的支付方式更好服务于人们的生活；新兴的众筹方式也为融资带来了新的可能，实体金融和互联网金融正在逐步融合的过程中发展壮大。面对新的科技发展态势，国家对于当代金融人才的培养提出了更高的要求，不仅需要认识金融、理解金融、运用金融，更需要在逐步更新的过程中防范和化解金融风险。基于此，“金融风险管理”作为兼顾理论和实践的一门课程，被赋予了更为重要的意义。它不仅在金融学、金融工程学以及国际金融学科方面都具有重要的价值，而且还结合了经济、金融、会计和统计等多类学科的知识，具有综合性、交叉性的特点，是金融学类的重要课程。

通过金融风险管理的学习，学生们应可以根据所学的金融风险管理的相关

---

① 本文得到首都经济贸易大学 2019 年教改立项“金融风险管理案例及慕课建设”项目资助。

作者简介：周晔，首都经济贸易大学金融学院，金融风险研究院，教授；研究方向：金融风险管理。王亚梅，首都经济贸易大学金融学院，博士研究生。

原理、方法解决一些实际问题,从事银行、证券等相关行业的工作。在互联网金融的背景下,这门课程被赋予了新的时代意义。"慕课"(MOOCs,Massive Open Online Courses)作为互联网信息时代的产物,是一种指大规模、开放式在线课程。一门慕课课程可容纳上万人,甚至多达十余万人,课程以兴趣为导向,可以不分国籍、学籍,只需一个邮箱学生就可注册参与,并且慕课学习在网上完成,不受时空限制。这对于自主学习能力强的大学生具有很大的推广价值。在开展慕课的过程中更需要掌握方式、方法,突破传统教学规模,从学生兴趣出发,增强课堂趣味性和实用性。我们的慕课建设以新兴互联网服务模式为出发点,通过分析传统金融风险管理课堂存在的问题,为新的教学模式和教学方法提供借鉴,从而体现这种新型授课方式的便利性和实用性。

一、新兴"互联网+"模式

"互联网+"是利用联网技术与互联网思维重新整合各种资源,实现资源更有效配置,提高产品质量与服务便利性的有效途径。任何传统行业与互联网结合起来,都可以打破原先的局面,形成新的格局,金融行业自然也不例外。随着我国金融业的创新和发展,国内新业务、新产品不断涌现,金融与互联网的结合日益密切,但新技术给人们带来生活便利的同时,也对金融市场发展,对我国金融监管带来了挑战。随着我国金融开放程度的提高,金融创新伴随金融风险的积累,在金融改革开放过程中努力研究防范和化解金融风险非常有必要,金融风险管理是金融机构所从事的业务活动中最核心的内容。

目前互联网技术飞速发展,将"互联网+"与教育结合起来,更好地服务于教育尤为重要。"互联网+教育"的模式将成为推动我国第四次教育革命的引擎,其主要有以下特点:首先,教学对象由资源的拥有者变为资源的创造者;其次,教学环境由线下课堂变为线下、线上融合的智慧环境;再次,教学资源由静态的纸质教材变为动态的在线资源;最后,教学模式由以教师为中心传授知识转变为以学生为中心的混合式教学。将互联网与传统金融风险管理课程教育进行融合,就是利用互联网技术与互联网思维,重构金融风险管理教育教学环境,重设教学模式,提高风险管理教学效率与教学质量,达到创新教育的目的。因此,我们的慕课建设应借鉴先进的互联网技术,不仅打破成规,改变教学方式,更应对教学内容深入调整,不再以单调笼统的课堂传授为主,而是启发学生的发散思维,体会互联网下的金融风险管理与传统模式的不同,提升人才的素质。

二、传统课堂教学模式及其优缺点

金融风险管理作为金融学类的一门基础课程,融合多学科的知识,一般在大三开设,在学习的过程中,如何把不同学科的知识融会贯通是一大难点。目前大多金融风险管理课程的讲授主要侧重于各类金融风险度量模型,给学生一种课程理论性强、难度偏大、枯燥乏味的印象。此外,传统的课堂教学以老师教授为主,学生课后习题训练为辅。在这种模式之下,老师进行讲解,便于学生梳理和理解金融风险管理的整体架构和知识点,学生对于自身薄弱的知识点也可以开展有针对性的学习,老师的指导也能够加深学生对于课程的理解。但是传统教学模式是一把双刃剑:

首先,单方面的教师传授很难把控学生的接受程度,并且会助长学生的惰性。如果学生和老师之间缺乏交流,就很难了解其是否掌握相关知识点,师生之间这种信息不对称会影响课堂的教学质量。

其次,学生对于知识难点的理解和消化普遍存在问题。因为金融风险管理的教学偏重于数理方面,需要运用很多数理知识和模型,如 KMV 模型、VAR 模型和 CreditRisk 模型等,这对学生在数理方面的能力有一定的要求,须将所学知识点进行融会贯通。

再次,金融风险管理本身是偏重理论的课程,并且受到课时的限制,在讲解完理论部分之后便没有多余时间进行实例分析,会导致学生对知识的理解仅仅停留在理论层面,而缺乏实际解决问题的能力。这种纸上谈兵式的理解不利于学生远期的发展,因为当前社会工作岗位要求的是具有解决实际问题能力的创新型、应用型人才,这种教学方法不利于高素质人才的培养。

最后,教学资源匮乏,与现实情况脱节。由于书本编撰存在滞后性,导致学生所学知识往往已经一定程度上落后于现实情形。再加上知识点枯燥、理论抽象以及缺乏实例的教学,会降低学生学习的兴趣。

随着互联网技术的高速发展,越来越多的知识和方法可以从网络上获取,老师和学生们应该尽可能利用丰富的互联网资源,通过创建学习沙龙之类的方法,共享相关的学习资料或者案例分析,引导培养学生自主学习和解决问题的能力,弥补目前金融风险管理课程教学的不足之处。

三、"互联网+"背景下的慕课与传统课堂的区别

随着"互联网+"技术逐步融入人们的生活,教育行业也迎来了巨大的变化,针对金融风险管理的慕课,也要紧跟潮流,打破传统,运用新兴技术更好地服务于师生。

(一)教学理念发生了变化

老师通过改变传统的教学理念,在掌握一定互联网技术的前程下,可以提高学生的动手能力和独立思考能力,培养出高素质人才。传统的金融风险管理课堂,老师按照书本讲授,学生被动接受和消化,导致学生缺乏独立思考、动手能力,不能解决实际问题。此外,单调的理论知识学习使得学生与现实世界脱节,不利于今后工作的发展。这种教学模式带来的问题在中国具有普遍性,而"互联网+"背景下的教学模式可以轻松获取最前沿的信息,了解更多课堂之外的信息。因此,运用互联网技术引领教学理念的变革,对老师和学生来说都是新的挑战,也是新的机会。

(二)教学方式发生了变化

传统的上课方式主要由老师讲解,学生缺乏主动性,也不能就具体问题进行实际操作,理论源于实践,只有通过实践才能更好地对所学知识进行消化和吸收。而在"互联网+"的模式下,同学们可以使用各种技术软件进行操作,对所学知识进行模拟重复,在学习理论知识的基础上提高动手能力,并且通过解决问题的过程培养信心、提升素质,增强学科的应用性。

(三)教学内容发生了变化

随着互联网、大数据、云计算等技术理念的不断普及,将对部分学科产生影响,导致学科内容的相应增减。在这种情况下,"互联网+"背景下的金融风险管理课程也会面临内容上的修改。比如,不同金融环境下面对的金融风险是不相同的,传统的金融风险有其固定特征,但是在互联网金融的背景下,又会衍生出不同种类的金融风险。此时,就需要金融从业人员具有敏锐的洞察力和专业的判断力,依据当前所处情形,在错综复杂的市场环境中辨别金融风险。因此,金

融风险管理课程需要涉足与互联网金融风险相关内容,与时俱进。但是传统的金融风险管理课程并没有涉及这部分内容,或者即便有所涉猎也不是教学重点,且缺乏相关模型建立和应用的知识。

四、"互联网+"环境下的慕课初探

本次金融风险管理慕课建设基于互联网高速发展的背景,力图探索出一种适合当前大环境的教学方式。

(一)改进教学方式

无论是哪门学科,理论学习都是重点,只有理解了基础理论才能更好地进行实际运用。但是传统的理论教学往往枯燥乏味、效率低下,如何在教授过程中激发同学们的兴趣就显得尤为重要。只有让同学们自己动手发现其中的新颖之处才能调动学习的积极性。教学方法上也需要多样化,不能一成不变地老师单方面输出,可通过解析个别经典案例或者小组合作的方法,调动学生的课堂积极性,增强学生课堂参与感。由于书本中的理论知识一般存在滞后,而当今时代更关注信息的重要性,所以通过一些经典案例的分析可以让同学们更深刻理解所学知识。此外,还可以借鉴国外的先进教学案例,以学生为中心,以老师为载体,注重学生创新能力和素质培养。"三人行必有我师",通过改变师生之间的传统教学关系,相互学习——老师传授知识,学生也可以将自己的见闻进行分享,实现知识共享,增强学生信心,为将来深入学习或者参加工作打下坚实的基础。

(二)加强实践锻炼

在熟练掌握相关理论之后,需要在实践中加以运用。金融风险管理课程就是要让同学们以数理的方法判断金融风险,并学会防范和化解风险。所以在学习了相关理论模型之后,同学们可以投身于具体的工作中,运用相关软件学会对具体风险进行测度;也可以通过参与股票或者期货的模拟盘进行练习,实际感受市场上的金融风险。这不仅可以锻炼同学们的动手能力,也是为之后的工作打基础。

(三)丰富学习途径,认识到课外学习的重要性

先进的互联网技术开辟了许多新的课外的学习通道,比如试听其他老师的

慕课或者微课堂,与校外的同学交流学习心得,或者参加校外的讲座、报告会,与良师益友面对面交流。这些课外学习既拓展了知识面,丰富了课外活动,又锻炼了学生的日常交流能力。

(四)可以设置考核方式

虽然慕课不像传统课堂一样可以随时观察同学们的理解情况,但是也可以通过设置章节测验、有趣的互动小知识进行测试,增加学生学习的动力,通过案例分析还可以衡量学生的实际理解程度。学生学习金融风险管理的主要目的还是要解决实际问题,所以单一的书面成绩并不能全面反映学生水平,更重要的是要培养学生的能力和思维方式。

金融风险管理课程的课堂改革是永无止境的,上述的仅是部分总结,面对复杂多变的外部环境,未来金融业还会面临更多的挑战。为了提高教学的质量,培养高素质的专业人才,需要更多人更多努力来探索各种新颖的科学的教学方法。

参考文献:

[1]刘煜."金融风险管理"课程教学改革与实践探讨[J].课程教育研究,2018(26):235-236.

[2]向茜."金融风险管理"教学改革探讨[J].时代金融,2016(1):202-204.

[3]苏木亚,付媛.大数据环境下的"金融风险管理"课程教学探索[J],2016(6):151-154.

[4]林姝妤.基于应用型人才培养的"金融风险管理"实验课教学改革初探[J].2019(18):46-47.

大学课堂互动效果的调查和思考[①]

梁万泉

摘　要：当前大学课堂教学仍以教师讲、学生听的传统讲授方式为主，互动教学运用不够充分，学生在课堂教学中参与度低。本文通过对本院学生进行抽样调查，了解互动教学策略在课堂教学中的运用现状和学生主动学习的情况，揭示教师在运用互动教学策略过程中可能存在的问题，为大学课堂互动教学策略的优化提出一些建议。

关键词：课堂互动，调查，效果

互动教学策略是指教师多运用促进学生主动学习的教学策略，不直接提供现成的结论或解决问题的方法，让学生自己发现问题并能分析问题；教师要提出有启发性的问题，激发、引导学生进行课堂讨论、自由发言、辩论，以培养学生的批判性和发散性思维能力。

一、大学课堂互动教学的必要性

长期以来，国内外关于课堂师生言语互动的研究，大多是基于中小学课堂的师生互动行为，大学课堂互动研究较少，尤其是不同学科之间课堂师生言语互动的差异性研究更是凤毛麟角。2016 年 4 月 7 日，我国首次发布《中国高等教育质量报告》，注重质量成为高等教育的时代命题。报告认为课堂作为教学的主要场所，既反映了教学效果，也反映了教学问题，因此，高等教育质量提升的关键在于课堂教学，而课堂教学的关键在于课堂互动教学。

互动教学是以学生为中心的教学模式要求。有效的课堂师生互动是有效

---

① 本文获得 2019 年首都经济贸易大学教改项目“大学课堂教学效果提升研究与实践”的资助，项目号 01591954211086。

作者简介：梁万泉，首都经济贸易大学金融学院，副教授。

课堂教学的关键,也是以学生为中心,学生进行有效学习的助力推手。在教学活动中,教师和学生之间的相互作用行为是师生互动的基础,通过在课堂上的互动,学生和教师参与到其中的沟通交流及合作过程,学生可以提出问题,与教师探讨,这样就从内心深处与教师达成了共识,并将知识内化于心。师生互动的主要方式有听、说、读、写、做,这些交往行为体现出师生互动是一种对称交往关系,保护了个人的主体性、能动性和创造性,避免了传统的教师一味灌输、强制和控制的教学模式,将发展的主动权还给了学生。

在教学互动上,师生互动越好的课堂,学生的专注程度越高,学生的积极性越好,反之,课堂教学气氛冷漠枯燥,教师、学生各行其是,教学质量低。据笔者对学生的问卷调查和课堂观察,师生互动好的课堂,学生的专注程度、积极性高。在师生互动中,师生之间形成了双向互动交流,课堂教学过程潜移默化地提升了学生的知识、能力,课堂教学效率得到有效提高。

课堂互动可以提高课堂的参与性和趣味性。参与性是指在教师在课堂教学中组织能让学生参与其中的师生、生生互动活动,培养学生积极主动、善于合作、独立探究的素养。在课堂教学中,教师个人广博的学识、生动的语言艺术、学生乐于参与的教学互动活动以及新颖的教学内容和材料等,都是可能会引发学习兴趣和热情的重要因素,只有引起学生的学习兴趣和热情,他们才会自发地、主动地配合教师组织的教学活动。

二、大学课堂互动教学存在的问题

目前,大学课堂存在不少问题,大学生课堂参与性和学习主动性不高,一方面与学生个人的学习动机、学习态度有关,另一方面也与教学质量及大学课堂缺乏吸引力有关。如何提高大学教学质量,让大学课堂更富有吸引力,成为教育专家和学者关注的话题。

首先, 对于教师组织的课堂互动,学生不重视。

本文根据大学生课堂互动教学的实践做了一次调查问卷(见附件),样本为80名金融学院大三本科生,具体调查结果分析如下:

(1)在课堂互动必要性方面,27%的同学认为课堂讨论没有必要,80%的学生认为课堂提问次数不宜过多,1~2次为宜,说明互动教学中学生的主动参与度不高,但参与意愿明显。

(2)在课堂互动是否计入学习成绩方面,40%以上的同学认为课堂互动和讨论不应该计入学习成绩,说明很大一部分学生没意识到课堂互动的重要性,认为考核的形式应该以考试为主,以老师的评分标准为主。

(3)在讨论的形式方面,90%以上的同学认为应该以 PPT 演讲为主,其他选项很少,说明同学意识中的互动形式单一,趣味性较差。

其次,课堂师生互动活动种类和次数较少,形式单一,基本以提问、讨论为主,学生的主动性和创造性得不到发挥,不利于培养学生的独立精神和实践能力。在大学课堂教学过程中,特别值得一提的是,学生与学生之间的互动较少,课堂上缺乏生生互动是大学课堂普遍存在的问题。生生互动是指通过教师引发的话题,学生与学生之间发生不同观点的交流和碰撞,达到真正意义上的互动。生生互动不仅有助于学生之间进行知识的交流,还能促进学生个体个性的发展,形成融洽的课堂气氛,增强集体的凝聚力。

最后,互动缺乏深度。有些课堂虽然学生发言的比例很高,但教师与学生之间、学生与学生之间却缺乏有效的沟通和交流。比如,教师将课堂交给学生,通常的形式为个人或小组作业汇报,教师仅作为点评者进行汇报后的点评,而很少和汇报者进行交流。还有些课堂尽管互动形式多样,却流于形式,表面热热闹闹,可一堂课下来,学生几乎没有什么收获。这样的师生课堂互动仅为花架子,忽略掉了互动的精髓。

三、提高大学课堂互动效果的建议

(一)重视师生互动,提高课堂互动质量

大学课堂教学是一个主建设过程,在大学阶段大学生的创造性思维和实践能力迅速发展,大学课堂教学要充分给予学生学习的权利,关心学生需求,关注教学互动,突出学生在课堂教学中的主体性。大学教师关注课堂师生互动,尤其要重视师生互动的质量,使学生在师生交流、生生互动的讨论和争辩过程中看到问题的不同层面,促进学生积极主动投入学习。

1. 教师要做好互动内容的设计。在大学教学过程中,提问是任课教师常用的教学手段之一,也是课堂教学互动中的重要方式之一,它对课堂教学质量和

学生的学习质量有着很大影响。在课堂互动中，教师所提的问题要考虑学生的学习实际、生活经验、知识技能及其认知发展水平；教师需要根据教学目标以及教学内容的重点和难点，确定提问的内容和思路，或变教材要求为教学问题，紧扣课后练习题设计问题，或以学生新旧知识矛盾为教学问题，善于从学生角度设问，使之成为学生自己的问题，而不是教师的问题或别人的问题，这样学生才能做出积极的思考。

2. 注意教师提问的形式和时机。在互动提问方面，提问的表达形式应尽量简练、明确，避免模糊和随意。提问还应考虑时机，不同提问情境，其效果是不一样的。当教室里的气氛比较沉闷时，教师应该提一些简单的记忆型问题，适当活跃课堂气氛，唤醒学生的注意力，将学生吸引到课堂教学中来，将学生分散的注意力重新拉回教室；当学生的活动比较活跃时，或处于激烈的讨论中，教师则应多提一些批判性和创造性的问题，利于学生积极思考，强化学习兴趣，促进学生思维的扩散和发展，形成批判性思维。

3. 重视学生提问。课堂互动还包括学生的提问，学生发现问题与分析问题、解决问题同样重要，甚至可以说更为重要。相比回答问题，提出问题需要更高层次的主动精神与认知卷入，相关研究证明了这种认知卷入的作用和价值。目前，学生提问受到的关注还远远不够，提问仍然存在诸多障碍，教师基于教学计划顺利实施的需要，对学生的课堂提问难以留出足够的时间。但宽松、民主、愉快、自由的教学气氛有利于学生在课堂上抬起头。爱答问、敢答问和会答问，教师态度和蔼、语言亲切是创造良好课堂气氛的重要条件，可以消除学生害怕回答问题的心理，使学生情绪高涨、思维活跃、学习主动。课堂讨论的目的是让学生在放松的氛围中表达出自己的见解，听取、反驳他人的意见，分析、综合多人的观点，从而锻炼学生的思维能力。

（二）主动进行教学反思，重构课堂互动教学

反思被认为是一种教师改进教学的策略，可提供信息反馈。课堂互动需要很多的精力和思考，这对教师来说是有困难的，尤其是当教师们处于高压环境或者对他们有很高的精准度要求的时候，知觉失真就会发生。教学反思有助于促进教师从课堂互动中主动学习经验，而不是被动地接受或做出反应，其在改

进课堂师生互动过程中有一定的效果。教师可以利用自己的课堂互动经验,分析课堂互动实践,如尽可能记录自己的教学计划、教学目标和互动策略;需要根据课堂互动过程中遇到的困境重新构思解决措施;对这些困境和解决方案以系统的方式分门别类进行分析。经常性的教学反思可以帮助教师观察或者监督其自身教学行为。

(三)依据学生掌握情况进行分组,进行小组教学

在互动讨论小组分组方面,要打破随机分组或自由结组的传统做法,按照学生的知识掌握程度进行分组。例如,可以把对某个概念学习困难的学生分成一组,对其解释概念,而对其他组进行更深层次的辅导;教师也可以邀请某些领域的专家学者到课堂上为学生讲课。比如,当教学内容涉及国内乃至国际热点问题时,可请该领域的专家学者走进课堂、走近学生,和大家共同探讨。如果班级规模比较大,可以划分小组,各小组就该问题进行讨论,沟通交流,最后各组派出代表向全班汇报。对于一些课程,模仿与扮演是一个非常有趣的学习方式。例如,在政治课上,学生可以扮演不同国家的领导人或候选人,进行模拟谈判,这样的角色扮演不仅是促成积极课堂氛围的好方法,而且还有利于学生对知识的深刻理解。教师通过丰富教学组织形式,让每个学生都能有机会参与到课堂互动中,形成平等开放的互动氛围,有助于学生积极主动参与师生互动,创造积极的课堂教学氛围,促进学生在参与中主动学习。

(四)建立教学团队合作机制

教学团队能促进教师对教学技术和效果的理解,促进教师对课堂教学的反思,推动教师的教学活动,对教师有效进行课堂互动是有益的。通常情况下,教师很少有机会互相观察或讨论他们的教学工作,往往独自处理教学中发生的问题,很少求助于他人。而教学团队中的同事间可以互相帮助改进教学,并为团队教学提供支持。在诊断和处理有问题的课堂时,或教师没有办法对课堂情况进行处理时,专业教学团队的支持对于防止错误、反思经验是很重要的。建立团队合作机制,不仅有助于改革教学内容和方法,开发教学资源,还有利于教师之间进行教学研讨和经验交流,提高教学水平。教学团队中教师学习的具体形式包括教学研讨会、教师个性化咨询、同级访问和管理人员支持等;具体内容包

括教师与同事讨论教学问题、分享教学经验，观察同事的班级教学情况，接受同事和上级的反馈等。

附件

调查问卷

1. 你认为一门课程中每个人应该有几次提问或被提问的机会？

   A. 0　B. 1～2　C. 3～5　D. 5次以上

2. 你认为课堂讨论有必要吗？

   A. 有　B. 没有

3. 你认为讨论课的最佳形式有哪些？（可多选）

   A. 本科生论文开题报告或答辩形式（模板）

   B. 无领导小组讨论

   C. 小组辩论

   D. 角色扮演（情景模拟）

   E. 结构化面试

   F. 半结构化面试

   G. PPT演讲

   H. 专题研讨会

   I. 公司例会

   J. 以上形式的组合

4. 课堂互动和讨论应该计入学生的平时成绩吗？

   A. 应该　B. 不应该　C. 其他

5. 讨论课或课堂互动的成绩由同学互评好还是老师打分好？

   A. 同学互评　B. 老师打分

6. 分组的形式哪种更好？

   A. 老师分组　B. 随机抽签分组　C. 自愿组合

7. 在你的学习生涯中，你认为课堂互动最好的形式有哪些？

8. 对本课程的建议和期望是什么？

参考文献:

[1]陈玉琨.高等教育质量保障体系概论[M].北京:北京师范大学出版社,2004.

[2]姚利民.大学教师有效教学论[M].长沙:湖南大学出版社,2008.

[3]潘懋元.高等教育学[M].北京:人民教育出版社,1984.

[4]石中英.知识转型与教育改革[M].北京:教育科学出版社,2001.

[5]许建领.大学参与性教学[M].青岛:中国海洋大学出版社,2006.

[6]顾文秀,杨成.激发大学生主动学习源动力的探索[J].教育教学论坛,2013(1).

[7]陆国栋.我国大学教育现状与教学方法改革[J].中国高等教育,2013(2).

[8]陆根书,彭正霞,胡文静.不同学科大学生学习经历差异分析[J].苏州大学学报(教育科学版),2014(3).

[9]王陆,李瑶.课堂教学行为大数据透视下的教学现象探析[J].电化教育研究,2017(4).